RÉFLEXIONS

POLITIQUES

SUR QUELQUES ÉCRITS DU JOUR

ET SUR LES INTÉRETS

DE TOUS LES FRANÇAIS.

RÉFLEXIONS

POLITIQUES

SUR QUELQUES ÉCRITS DU JOUR

ET SUR LES INTÉRÊTS

DE TOUS LES FRANÇAIS.

PAR

M. DE CHATEAUBRIAND.

PARIS,

LE NORMANT, IMPRIMEUR-LIBRAIRE.

1814.

AVERTISSEMENT.

—

Nous avons lu avec soin les Écrits politiques qui ont paru depuis quelques mois : répondre aux objections diverses, concilier les opinions, rappeler les Français à leurs intérêts ; tel est le but que nous nous sommes proposé dans ces Réflexions. L'atteindrons-nous, cebut? Nous serions trop heureux !

—

Pour eviter toute contrefaçon, chaque exem-plaire portera la signature du Libraire-Éditeur.

Le Normant

IMPRIMERIE DE LE NORMANT, RUE DE SEINE.

RÉFLEXIONS

POLITIQUES

SUR QUELQUES ÉCRITS DU JOUR

ET SUR LES INTÉRÊTS

DE TOUS LES FRANÇAIS.

~~~~~~~~~~~~~~~~~~~~~~~~~~~~~~~~~~~

CHAPITRE PREMIER.

Cas extraordinaire.

———

Un juge établi sur un tribunal d'après les anciennes constitutions du pays, et non par le fait d'une révolution violente, a condamné un homme à mort. Cet homme a été justement condamné : il étoit coupable des plus grands crimes. Mais cet homme avoit un frère ; ce frère n'a pas pu et n'a pas dû se dépouiller des sentimens de la nature : ainsi, entre le juge du coupable et le frère de ce coupable, il ne pourra jamais s'établir aucune relation. Le cri du sang a pour toujours séparé ces deux hommes.

Un juge établi sur un tribunal d'après les anciennes constitutions du pays, et non par le fait d'une révolution violente, a condamné un homme à mort. Cet homme n'étoit pas coupable du crime dont on l'accusoit ; mais soit prévarication, soit erreur, le juge a condamné l'innocence. Si cet homme a un frère, ce frère, bien moins encore que dans le premier cas, ne peut jamais communiquer avec le juge.

Enfin, un homme a condamné un homme à mort : l'homme condamné étoit innocent ; l'homme qui l'a condamné n'étoit point son juge naturel ; l'innocent condamné étoit un Roi ; le prétendu juge étoit son sujet. Toutes les lois des nations, toutes les règles de la justice ont été violées pour commettre le meurtre. Le tribunal, au lieu d'exiger les deux tiers des voix pour prononcer la sentence, a rendu son arrêt à la majorité de quelques voix. Afin d'obtenir cette majorité, on a même été obligé de compter le vote des juges qui avoient prononcé la mort conditionnellement. Le monarque, conduit à l'échafaud, avoit un frère. Le juge qui a condamné l'innocent, le sujet qui a immolé son Roi, pourra-t-il se présenter aux yeux du frère de ce Roi? S'il ne peut se présenter devant lui, osera-t-il pourtant lui écrire? S'il lui écrit, sera-ce pour se déclarer criminel, pour lui offrir sa vie en expiation? Si ce n'est pour dévouer sa tête, c'est du moins pour révéler quelque secret important à la sûreté de l'Etat? Non : il écrit à ce frère du Roi pour se plaindre d'être injustement traité; il pousse la plainte jusqu'à la menace; il écrit à ce frère devenu Roi, et dont par conséquent il est devenu le sujet, pour lui faire l'apologie du régicide, pour lui prouver par la parole de Dieu et par l'autorité des hommes, qu'il est permis de tuer son Roi. Joignant ainsi la théorie à la pratique, il se présente à Louis XVIII comme un homme qui a bien mérité de lui; il vient lui montrer le corps sanglant de Louis XVI,

Et sa tête à la main demander son salaire!

Est-ce du fond d'un cachot, dans l'exaspération du malheur, que cette apologie du régicide est écrite? L'auteur est en pleine liberté;

1.

il jouit des droits des autres citoyens; on voit à la tête de son ouvrage l'énumération de ses places et les titres de ses honneurs: places et honneurs dont quelques-uns lui ont été conférés depuis la restauration. Le Roi sans doute, transporté de douleur et d'indignation, a prononcé quelqu'arrêt terrible? Le Roi a donné sa parole de tout oublier.

CHAPITRE II.

Paroles d'un des juges d'Harrison.

———

MAIS le monde, comme le'Roi, n'a pas donné sa parole : il pourra rompre le silence. Par quelle imprudence, des hommes qui devroient surtout se faire oublier, sont-ils les premiers à se mettre en avant, à écrire, à dresser des actes d'accusation, à semer la discorde, à attirer sur eux l'attention publique ? Qui pensoit à eux ? Qui les accusoit ? Qui leur parloit de la mort du Roi ? Qui les prioit de se justifier ? Que ne jouissoient-ils en paix de leurs honneurs ? Ils s'é-toient vantés dans d'autres écrits d'avoir con-damné Louis XVI à mort : hé bien ! personne ne vouloit leur ravir cette gloire. Ils disent qu'ils sont *proscrits* : est-il tombé un cheveu de leur tête ? Ont-ils perdu quelque chose de leurs biens, de leur liberté? Pourquoi, fidèles au souvenir de nos temps de malheurs, continuent-ils à accuser leurs victimes? Y a-t-il beaucoup de courage et de danger à braver aujourd'hui un Bourbon? Faut-il porter dans son sein un cœur de bronze, pour affronter leur bonté paternelle? Est-il bien glorieux de rompre le silence que l'on gardoit sous Buonaparte, pour venir dire de fières vérités à un monarque qui, assis après vingt-cinq ans de douleurs, sur le trône sanglant de son frère, ne répand autour de lui qu'une miséricorde presque céleste? Qu'arrive-t-il : c'est que le public est enfin obligé d'entrer dans des questions qu'il eut mieux valu ne pas agiter.

Le colonel Harrisson, un des juges de Charles Ier, fut, après la restauration de Charles II, traduit devant un tribunal pour être jugé à son tour. Parmi les diverses raisons qu'il apporta pour sa défense, il fit valoir le silence que le peuple anglais avoit gardé jusqu'alors sur la mort de Charles Ier. Un des juges lui répondit : « J'ai » ouï conter l'histoire d'un enfant devenu muet » de terreur, en voyant assassiner son père. » L'enfant, qui avoit perdu l'usage de la voix, » garda profondément gravés dans sa mémoire » les traits du meurtrier : quinze ans après, le

» reconnoissant au milieu d'une foule, il re-
» trouva tout à coup la parole, et s'écria :
» *Voilà celui qui a tué mon père!* Harrison,
» le peuple anglais a cessé d'être muet; il nous
» crie, en te regardant : *Voilà celui qui a tué*
» *notre père!* (1)

---

(1) The Judict. Arraign. Tryal of twenty-nine Regicides,
pag. 56.

~~~~~~

CHAPITRE III.

Que la doctrine du Régicide a paru en Europe vers le milieu
du seizième siècle. Buchanan. Mariana. Saumaise et Milton.

———

La doctrine du Régicide n'est pas nouvelle :
un peu après la mort d'Henri III, il parut des
écrits où l'on avançoit qu'il est permis à un
peuple de se défaire d'un tyran : les justifi-
cations suivent les crimes. On examina à cette
époque les opinions que nous avons cru appar-
tenir à notre siècle : ce ne furent pas seulement
les Protestans qui rêvèrent des républiques ;
les Catholiques se livrèrent aussi aux mêmes
songes. Il est remarquable que les pamphlets
de ces temps-là sont écrits avec une vigueur,
une science, une logique qu'on retrouve rarement aujourd'hui.

Buchanan, dans le dialogue *De jure regni*

apud Scotos, et Mariana surtout dans le Traité *De Rege et Regis institutione*, réunirent en un corps de doctrine ces idées éparses dans divers écrits.

On prétendit que Ravaillac avoit puisé dans Mariana les sentimens qui coûtèrent la vie à Henri IV. Ravaillac ne savoit pas le latin, et il n'avoit pu lire le traité *De Rege ;* mais il avoit pu entendre parler des opinions qui y sont déduites. Ainsi la doctrine du régicide parut d'abord dans le monde, pour préconiser le crime de Jacques Clément, et pour inspirer celui de Ravaillac.

La mort de Charles I.er donna une nouvelle célébrité aux principes de Buchanan et de Mariana. Un champion de l'autorité royale, Saumaise, descendit dans l'arène, armé de toute l'érudition de son siècle ; il publia son fameux traité : *Defensio Regia, pro Carolo I.*

Il prouva d'abord l'inviolabilité et la puissance légale des Rois, d'après des préceptes et des exemples puisés dans l'Ancien Testament ; il trouva ensuite dans le Nouveau Testament et dans la Doctrine des Pères d'autres autorités pour foudroyer encore les principes des régicides. De là, passant aux auteurs profanes, il invoqua en faveur de l'autorité royale les plus grands phi-

losophes et les plus grands historiens de l'antiquité. Saumaise ne resta pas sans réponse :
il eut la gloire d'avoir pour adversaire un
des plus beaux génies de l'Angleterre. Milton
s'étoit déjà signalé dans son ouvrage sur le *Droit
des Rois et des Magistrats*, qui n'est qu'un com-
mentaire du traité de Mariana. Il releva le gant
jeté aux régicides. « Il réfuta Saumaise, dit Vol-
» taire, comme une bête féroce combat un sau-
» vage. » Il eût été plus juste de dire : comme
un fanatique combat un pédant. Le style latin de
Milton (1) est serré, énergique; souvent à la vigueur de l'expression on reconnoît l'auteur du
Paradis perdu; mais le raisonnement est digne
de la cause que Milton avoit embrassée. Les
plaisanteries ne sont pas toujours de bon goût ;
l'érudition, quoique moins prodiguée que dans
le traité de Saumaise, vient souvent hors de
propos, et l'auteur ne répond solidement à rien.

Ecoutons encore Voltaire : « Milton, dit-il,
» avoit été quelque temps secrétaire, pour la
» langue latine, du parlement appelé le *Rump*
» ou le *Croupion*. Cette place fut le prix d'un
» livre latin en faveur des meurtriers du Roi
» Charles Ier; livre (il faut l'avouer) aussi ridi-

---

(1) *Joannis Miltonis pro populo anglicano Defensio.*

» cule par le style, que détestable par la ma-
» tière......

» On peut juger si un tel pédant atrabilaire,
» défenseur du plus énorme crime, put plaire
» à la cour polie et délicate de Charles II. »

Le grand argument de Milton étoit aussi
celui des juges de Charles Ier. Il le trouvoit,
comme Ludlow, dans ce texte de l'Écriture:
« La terre ne peut être purifiée du sang qui a
» été répandu, que par le sang de celui qui l'a
» répandu. »

Cet argument n'eût rien valu contre
Louis XVI.

CHAPITRE IV.

Parallèle.

TELLE fut cette fameuse controverse. Ceux qui la rappellent aujourd'hui, paroissent ignorer ce qu'on a dit et écrit avant eux sur ce sujet : tant ils sont foibles en preuves, en citations et en raisonnemens. De même que les régicides anglais, ils citent l'Ecriture Sainte à l'appui de leur doctrine ; mais ils la citent vaguement, ou parce qu'ils la connoissent peu, ou parce qu'ils sentent qu'elle ne leur est pas favorable. Les auteurs de la mort de Charles étoient pour la plupart des fanatiques de bonne foi, des chrétiens zélés qui, abusant du texte sacré, tuèrent leur souverain *en conscience ;* mais parmi nous, ceux qui font valoir l'autorité de l'Ecriture dans une pareille cause, ne pour-

roient-ils pas être soupçonnés de joindre la dé-
rision au parricide, de vouloir, par des citations tronquées, mal expliquées, troubler le
simple croyant, tandis que pour eux-mêmes
ces citations ne seroient que ridicules ? Employer ainsi l'incrédulité à immoler la foi ; justifier le meurtre de Louis XVI par la parole de
Dieu, sans croire soi-même à cette parole ;
égorger le Roi au nom de la Religion pour le
peuple, au nom des lumières pour les esprits
éclairés ; allumer l'autel du sacrifice au double
flambeau du fanatisme et de la philosophie, ce
seroit, il faut en convenir, une combinaison
nouvelle.

Si les régicides anglais étoient, comme nous
venons de le dire, des fanatiques de bonne foi,
ils avoient encore un autre avantage. Ces
hommes, couverts du sang de leur Roi, étoient
purs du sang de leurs concitoyens. Ils n'avoient
pas signé la proscription d'une multitude
d'hommes, de femmes, d'enfans et de vieillards ; ils n'avoient pas apposé leurs noms, *de
confiance*, au bas des listes de condamnés,
après des noms très-peu faits pour inspirer
cette confiance. Pourtant ces hommes qui
n'avoient pas fait tout cela, étoient en horreur : on les fuyoit comme s'ils avoient eu la

peste, on les tuoit comme des bêtes fauves.
Qu'il étoit à craindre que cet effrayant exemple
n'entraînât les Français ! Et cependant, que
disons-nous à certains hommes ? Rien. Ils
vivent à nos côtés, nous les rencontrons,
nous leur parlons, nous allons chez eux, nous
nous asseyons à leur table, nous leur pre-
nons la main sans frémir. Ils jouissent de leur
fortune, de leur rang, de leurs honneurs. Comme
le Roi, nous ne leur eussions jamais parlé de ce
qu'ils ont fait, s'ils n'avoient été les premiers à
nous le rappeler, à se transformer en accusa-
teurs. Et ils osent crier à l'esprit de vengeance !
Craignons plutôt que la postérité ne porte de
nous un tout autre jugement, qu'elle ne prenne
cette admirable facilité de tout pardonner
pour une indifférence coupable, pour une
légèreté criminelle ; qu'elle ne regarde comme
une méprisable insouciance du vice et de la
vertu, ce qui n'est qu'une impossibilité absolue
de récriminer et de haïr.

Les Anglais qui firent leur révolution étoient
des républicains sincères : conséquens à leurs
principes, les premiers d'entr'eux ne voulurent
point servir Cromwell : Harrison, Ludlow,
Vane, Lambert, s'opposèrent ouvertement à
sa tyrannie, et furent persécutés par lui. Ils

avoient, pour la plupart, toutes les vertus morales et religieuses : par leur conviction, ils
honorèrent presque leur crime. Ils ne s'enri-
chirent point de la dépouille des proscrits. Dans
les actes de leur jugement, lorsque *le* président
du tribunal fait aux témoins cette question
d'usage : « L'accusé a-t-il des biens et des châteaux, » la réponse est toujours : « Nous ne lui
en connoissons point : » Harrison écrit en mourant à sa femme qu'il ne lui laisse que sa Bible (1).

Tout homme qui suit sans varier une opinion
est excusable, du moins à ses propres yeux ;
un républicain de bonne foi, qui ne cède ni au
temps ni à la fortune, qui, toujours ennemi des
Rois, a en horreur les tyrans, mérite d'être
estimé quand d'ailleurs on ne peut ui reprocher
aucun crime.

Mais si des fortunes immenses ont été faites ;
si, après avoir égorgé l'agneau, on a caressé le
tigre ; si Brutus a reçu des pensions de César,
il fera mieux de garder le silence : l'accent de
la fierté et de la menace ne lui convient plus.

« On ne pouvoit rien contre la force ? » —
Vous avez pu quelque chose contre la vertu !

On donne une singulière raison de la mort

---

(1) Tryal of the Reg.

de Louis XVI : on assure qu'il n'étoit déjà plus
Roi lorsqu'il fut jugé ; que sa perte étoit inévitable, que sa mort fut prononcée comme on
prononce celle d'un malade dont on désespère.

Avons-nous bien lu, et en croirons-nous nos
yeux ? Depuis quand, le médecin empoisonne-
t-il le malade lorsque celui-ci n'a plus d'espérance de vivre ? Et la maladie de Louis XVI
étoit-elle donc si mortelle ? Plût à Dieu que ce
Roi, que l'on a tué parce qu'il n'y *avoit plus
moyen de contenir les factions*, eût été la vic-
time de ces factions mêmes ! Plût à Dieu qu'il
eût péri dans une insurrection populaire ! La
France pleureroit un malheur, elle n'auroit
pas à rougir d'un crime.

Vous assurez « que si les juges qui ont condamné le Roi à mort se sont trompés, ils se sont
trompés avec la nation entière qui, par de
nombreuses adresses, a donné son adhésion
au jugement. Les gouvernemens étrangers, en
traitant avec ces juges, ont aussi prouvé qu'il
ne blâmoient pas le meurtre de Louis. »

Ne flétrissez point tous les Français pour
excuser quelques hommes. Peut-on, sans
rougir, alléguer les Adresses de ces communes
gouvernées par un club de Jacobins, et conduites
par les menaces et la terreur ? D'ailleurs, un

seul fait détruit ce que l'on avance ici. Si, en conduisant le Roi à l'échafaud, on n'a fait que suivre l'opinion du peuple, pourquoi les juges ont-ils rejeté l'appel au peuple ? Si Louis étoit coupable, si les vœux étoient unanimes, pourquoi, dans la Convention même, les suffrages ont-ils été si balancés ? La Haute Cour qui condamna Charles, le condamna à l'unanimité. La France vous rend donc le fardeau dont vous voulez vous décharger sur elle; il est pesant! mais il est à vous; gardez-le.

« Les nations étrangères ont traité avec vous.» Ce ne fut point au moment de la mort du Roi. L'assassinat de Louis, du plus doux, du plus innocent des hommes, acheva d'armer contre vous l'Europe entière. Un cri d'indignation s'éleva dans toutes les parties du monde. Un Français étoit insulté pour votre crime jusque chez ces peuples accoutumés à massacrer leurs chefs, à Constantinople, à Alger, à Tunis. Parce que les étrangers ont traité avec vous, ils ont approuvé la mort du Roi! Dites plutôt que le courage de nos soldats a sauvé la France du péril où vous l'aviez exposée en appelant sur un forfait inouï la vengeance de tous les peuples. Ce n'est point avec vous qu'on a traité, mais avec la gloire de nos armes, avec

ce drapeau autour duquel l'honneur français
s'étoit réfugié, et qui vous couvroit de son
ombre.

———

~~~~~~

CHAPITRE V.

Illusions des Apologistes de la mort de Louis XVI.

———

Que veulent donc au fond les auteurs de ces déplorables apologies ? La république ? Ils sont guéris de cette chimèr . Une monarchie limitée? Ils l'ont ; et ils contienn nt eux-mêmes que toutes les garanties de la liberté sont dans la Charte. Si nous sondons la blessure, nous trouverons une conscience malade qui ne peut se tranquilliser, une vanité en souffrance qui s irrite de n'être pas seule appelée aux conseils du Roi, et qui voudroit jouir auprès de lui non-seulement de l'égalité, mais encore de la préférence ; enfin un désespoir secret né de l'obstacle insurmontable qui s'élève entre Louis XVIII et les juges de Louis XVI. Ne seroit-il pas bien plus honorable pour ces hommes de se rendre justice,

2.

d'avouer ingénument leurs torts, de convenir qu'ils ne peuvent pas être une société pour le Roi, de reconnoître ses bontés au lieu de se sentir humiliés de son silence, de la paix qu'il leur accorde, et du bonheur qu'il verse sur eux pour toute vengeance?

Il est assez probable toutefois qu'ils ne se mettent si fort en avant, que parce qu'ils se font illusion sur leur position : il faut les détromper.

Ce n'est pas sans raison qu'ils nous répètent que la France entière est coupable avec eux de la mort du Roi. « Si on nous touche, » disent-ils, on touchera bientôt à ceux qui » nous suivent : nous sommes la première pha- » lange ; une fois rompue, le reste sera enfoncé » de toutes parts. » Ils espèrent ainsi enrôler beaucoup de monde sous leur drapeau, et se rendre redoutable par cette espèce de coalition.

D'abord on ne veut point les atteindre; on ne les menace point. Pourquoi sont - ils si susceptibles ? Pourquoi prendre les pleurs que l'on répand sur la mémoire de Louis XVI, pour des actes d'accusation ? Faut-il, pour ménager leur délicatesse, s'interdire tous regrets? La douleur est-elle une vengeance, le repentir une réaction ? En admettant même que ces personnes eussent de justes sujets de crainte, elles sont complettement dans l'erreur, lorsqu'elles s'imaginent que tous les Français font cause commune avec elles. La mort du Roi et de la famille royale est le véritable crime de la révolution. Presque tous les autres actes de cette révolution sont des erreurs collectives, souvent expiées par des vertus et rachetées par des services, des torts communs qui ne peuvent être imputés à des particuliers, des malheurs qui sont le résultat des passions, le produit du temps, l'inévitable effet de la nécessité, et qu'on ne peut ni ne doit reprocher à personne.

Mais les auteurs de la mort du Roi ont une cause parfaitement isolée : sous ce rapport, ils n'inspirent aucun intérêt.

Ce n'est point ici une vaine supposition : la formation de la Chambre des Pairs a amené nécessairement quelques exclusions : le peuple s'en est-il affligé ? La Chambre des Députés comptoit parmi ses officiers inférieurs quelques personnes assez malheureuses pour avoir participé à la mort de Louis XVI : elle les a invitées à se retirer ; la nation n'a vu dans cette conduite que l'interprétation de ses propres sentimens. Tous les exemples nobles et utiles devoient être

donnés par les dignes représentans du peuple
français : un d'entr'eux a fait lui-même le courageux aveu de sa faute , en s'exilant du milieu
de ses collègues. Se juger ainsi, c'est ôter à
jamais aux autres le droit de juger; c'est sortir
de la classe des coupables , pour entrer dans
celle des infortunés.

Ceux qui ont prononcé l'arrêt de Louis XVI ;
doivent donc perdre la pensée de rattacher
tous les Français à leur cause. Il faut encore
qu'ils ne mettent pas trop leur confiance en
leur propre nombre. En effet , ne convient-il
pas de retrancher de ce nombre tous ceux
qui ont voté la mort avec l'appel au peuple ,
ou avec une condition tendante à éloigner
l'exécution ? On doit supposer que ceux-là
avoient la pensée de sauver leur maître :
dans un pareil temps , vingt-quatre heures
étoient tout ; on pouvoit croire que des
votes qui présentoient un espoir de salut , sans
heurter de front la fureur révolutionnaire ,
étoient plus propres à sauver le Roi qu'un
non absolu. C'est une erreur, une foiblesse ;
mais qui n'a point d'erreurs, de foiblesses ?
Transportons-nous à ces momens affreux;
voyons les bourreaux, les assassins qui rem-
plissoient les tribunes, qui entouroient la Con-

vention, qui montroient du doigt, qui dési-
gnoient au poignard quiconqu' refusoit de concourir à l'assassinat de Louis XVI. Les lieux
publics, les places, les carrefours retentissoient
de hurlemens et de menaces. On avoit déjà sous
les yeux l'exemple des massacres de septembre;
et l'on savoit à quels excès pouvoit se porter
une populace effrénée.

Il est certain encore qu'on avoit fait des préparatifs pour égorger la famille royale, une
partie des députés, plusieurs milliers de proscrits, dans le cas où le Roi n'eût pas été condamné. Troublé par tant de périls, un homme
croit trouver un moyen de concilier tous les
intérêts; il s'imagine que par un vote évasif il
sauvera la famille royale, suspendra la mort du
Roi, et préviendra un massacre général : il saisit
avidement cette fatale idée; il prononce un
vote conditionnel. Mais ses collègues ne s'y
trompent pas. Ils devinent son intention et re-
jettent avec fureur l'appel au peuple, les con-
ditions dilatoires, et comptent le vote pour la
mort. Cet homme est-il coupable ? Oui, selon
le droit; non, d'après l'intention. Il ne s'agit
pas ici de principes rigoureux, car, dans ce cas,
ceux mêmes qui auroient voté pour la vie du
Roi, n'en seroient pas moins criminels de lèse-

majesté, comme le remarquèrent les juges anglais dans le procès des régicides. Mais nos
malheurs ont été si grands, qu'ils sont sortis de
toute comparaison et de toute règle. Il est aisé
de dire, aux jours du bonheur et de la sécurité :
« J'aurois agi ainsi ; je me serois conduit comme
» cela. » C'est aux jours du combat que l'on connoît ses forces. Nous ne devons point juger à la
rigueur ce qui a été dit ou fait sous la pointe du
poignard ; dans ce cas, une bonne intention
présumée fait l'innocence : le reste est du temps
et de l'infirmité humaine.

Il faut encore faire une classe à part de
ceux qui, appelés depuis la mort du Roi aux
grandes places de l'Etat, ont tâché d'expier
leurs premières erreurs en sauvant des victimes, en résistant avec courage aux ordres
sanglans de la tyrannie, et qui, depuis la restauration, ont montré, par leur obéissance et
leur désir d'être utiles à la monarchie, combien ils étoient sensibles à la miséricorde du
Roi.

Voilà donc le foible bataillon de ceux qui
se croient si forts, diminué de tout ce qui ne
doit pas entrer dans leurs rangs. Ils se trompent
encore davantage, lorsqu'ils s'écrient qu'ils sont
la sauve-garde de quiconque a participé à nos

troubles. Il seroit, au contraire, bien plus vrai
de dire que si quelque chose eût pu alarmer
les esprits, c'eût été le pardon accordé aux
juges du Roi.

Ce pardon a quelque chose de *surhumain*,
et les hommes seroient presque tentés de n'y pas
croire : l'excès de la vertu fait soupçonner la
vertu. On seroit disposé à dire : « Le Roi ne
» peut traiter ainsi les meurtriers de son frère;
» et puisqu'il pardonne à tous, c'est que dans
» le fond de sa pensée il ne pardonne à per-
» sonne. » Ainsi le respect pour la vie, la liberté,
la fortune , les honneurs de ceux qui ont voté
la mort du Roi, au lieu de tranquilliser la foule,
eussent pu servir à l'inquiéter.

Mais le Roi ne veut proscrire personne. Il
est fort, très-fort; aucune puissance humaine
ne pourroit aujourd'hui ébranler son trône.
S'il vouloit frapper, il n'auroit besoin d'attendre
ni d'autres temps, ni d'autres circonstances;
il n'a aucune raison de dissimuler. Il ne
punit pas, parce que, comme son frère de
douloureuse et sainte mémoire, la miséricorde
est son partage; et que, comme Louis XVI
encore, il ne voudroit pas, pour sauver sa vie,
verser une seule goutte du sang français. Il a
de plus donné sa parole. Aucun Français, à son

exemple, ne desire ni vengeances, ni réactions.
Que demande-t-on à ceux qui ont été assez
malheureux, pour condamner à mort le fils de
saint Louis et d'Henri IV ? Qu'ils jouissent
en paix de ce qu'ils ont acquis; qu'ils elèvent
tranquillement leurs familles. Il n'est pas cependant si dur, lorsqu'on approche de la vieillesse,
qu'on a passé l'âge de l'ambition, qu'on a
connu les choses et les hommes, qu'on a vécu
au milieu du sang, des troubles et des tempêtes, il n'est pas si dur d'avoir un moment
pour se reconnoître, avant d'aller où Louis XVI
est allé. Louis XVI a fait le voyage, non pas
dans la plénitude de ses jours, non pas lentement, non pas environné de ses amis, non pas
avec tous les secours et toutes les consolations,
mais jeune encore, mais pressé, mais seul,
mais nu; et cependant il l'a fait en paix.

Ceux qui l'ont contraint de partir si vite,
veulent-ils prouver au monde qu'ils sont dignes
de la clémence dont ils sont l'objet ? Qu'ils
n'essaient plus d'agiter les esprits, de semer de
vaines craintes. Tout bon Français doit aujour-
d'hui renfermer dans son cœur ses propres mé-
contentemens, en eût-il de raisonnables. Quiconque publie un ouvrage dans le but d'aigrir
les esprits, de fomenter des divisions, est cou-

pable. La France a besoin de repos : il faut verser de l'huile dans nos plaies, et non les ranimer et les élargir. On n'est point injuste envers les hommes dont nous parlons : plusieurs ont des talens, des qualités morales, un caractère ferme, une gran le capacité dans les affaires, et l'expérience des hommes. Enfin, si quelque chose les blesse dans la restauration de la monarchie, qu'ils songent à ce qu'ils ont fait; et qu'ils soient assez sincères pour avouer que les misères dont ils se choquent sont bien peu de chose au prix des erreurs où ils sont eux-mêmes tombés.

———

~~~~~~

CHAPITRE VI.

Des Émigrés en général.

———

Nous trouvons dans les pamphlets du jour
beaucoup d'aigreur contre cette classe de Français malheureux ; et toujours le triste sujet de
la mort du Roi revient au milieu de ces plaintes :
« *Ce sont les émigrés qui ont tué le Roi ; ce sont*
» *les émigrés qui nous rapportent des fers ; ce*
» *sont eux qui accusent de tous les crimes les*
» *hommes amis de la liberté : il faut avoir été*
» *Vendéen , Chouan , Cosaque, Anglais ,*
» *pour être bien accueilli à la Cour ; et pour-*
» *tant qu'a fait la noblesse , qu'a fait le clergé*
» *pour le Roi ?* etc. »

On dit qu'un homme est la cause de la mort
de son ami, lorsque cet homme, jugeant mal
d'un événement, a choisi, pour sauver son ami,
un moyen qui ne l'a pas sauvé ; mais s'est-on

jamais imaginé de prendre à la lettre cette expression hyperbolique? A-t-on jamais comparé
sérieusement le meurtrier réel d'un homme
avec l'ami de cet homme? Pour soutenir une
cause qu'il eût mieux valu ne pas rappeler,
comment un esprit éclairé n'a-t-il pu trouver
que ce misérable sophisme?

L'émigration étoit-elle une mesure salutaire
ou funeste? On peut avoir sur ce point différentes opinions. Il faudroit d'abord savoir si
cette mesure n'étoit point forcée, si des hommes
insultés, brûlés dans leurs châteaux, pour-
suivis par les piques, traînés à l'échafaud, ne
se sont point vus contraints d'abandonner leur
patrie; si, trouvant dans les champs de leur exil
des princes proscrits comme eux, ils n'ont pas
dû leur offrir leurs bras? Ceux qui leur font un
crime aujourd'hui d'être sortis de France, ne
savent-ils pas, par leur propre expérience,
qu'il y a des cas où l'on est obligé de *fuir*, *de*
s'échapper la nuit par-dessus des murs, et
d'aller confier sa vie à une terre étrangère?
Peuvent-ils *nier* les persécutions? Les listes
n'existent-elles pas? Ne sont-elles pas signées?
Une *seule* de ces listes ne se monte-t-elle pas
à quinze ou dix-huit mille personnes, hommes,
femmes, enfans et vieillards?

Ferons-nous valoir une autre raison de la nécessité de l'émigration? Ce n'est pas une loi écrite, mais c'est le droit coutumier des Français : l'honneur. Partout où on le place, cet honneur, à tort ou à raison, *il oblige*. Quand on veut raisonner juste, il faut se mettre à la place de celui pour qui on raisonne. Une fois reconnu qu'un gentilhomme devoit aller se battre sur le Rhin, pouvoit-il n'y pas aller? Mais par qui reconnu? Par le Corps, par l'Ordre de ce gentilhomme. L'Ordre se trompoit. Soit : il se trompoit comme ce vieux Roi de Bohême qui, tout aveugle qu'il étoit, voulut faire le coup de lance à Crecy, et y trouva la mort. Qui l'obligeoit à se battre ce vieux Roi aveugle? L'honneur : toute l'armée entendra ceci.

Qu'a fait la noblesse pour le Roi? Elle a versé son sang pour lui à Haguenau, à Weissembourg, à Quiberon; elle supporte aujourd'hui pour lui la perte de ses biens. L'armée de Condé qui, sous trois héros, combattoit à Berstein en criant *vive le Roi!* ne le tuoit pas à Paris (1).

Mais, en restant en France, les émigrés

_____

(1) M. le duc de Bourbon fut blessé d'un coup de sabre dans cette brillante affaire, et un boulet de canon pensa emporter à la fois les trois héros.

auroient sauvé le Roi. Les royalistes anglais
qui ne sortirent point de leur pays, arra-
chèrent-ils à la mort leur malheureux maître ?
Est-ce aussi Clarendon et Fackland qui ont
immolé Charles, comme Lally - Tolendal et
Sombreuil ont égorgé Louis ?

Qu'a fait le clergé pour le Roi ! Interrogez
l'église des Carmes, les pontons de Roche-
fort, les déserts de Sinamari, les forêts de
la Bretagne et de la Vendée, toutes ces
grottes, tous ces rochers où l'on célébroit les
saints mystères en mémoire du Roi martyr;
demandez-le à ces apôtres qui, déguisés sous
l'habit du laïc, attendoient, dans la foule, le
char des proscriptions pour bénir en passant
vos victimes; demandez-le à toute l'Europe
qui a vu le clergé français suivre dans ses
tribulations le fils aîné de l'Eglise : dernière
pompe attachée à ce trône errant, que la religion accompagnoit encore, lorsque le monde
l'avoit abandonné. Que font-ils aujourd'hui
ces prêtres qui vous importunent ? Ils ne
donnent plus le pain de la charité, ils le
reçoivent. Les successeurs de ceux qui ont dé-
friché les Gaules, qui nous ont enseigné les
lettres et les arts, ne font point valoir les services passés; ceux qui formoient le premier

ordre de l'Etat, sont peut-être les seuls qui ne
réclament point quelque droit politique. Magna-
nime exemple donné par les disciples de celui
dont le *royaume n'étoit pas de ce monde!* Tant
d'illustres Evêques, doctes confesseurs de la foi,
ont quitté la crosse d'or pour reprendre le bâton
des Apôtres. Ils ne réclament de leur riche patri-
moine que les trésors de l'Evangile, les pauvres, les infirmes, les orphelins, et tous ces
malheureux que vous avez faits.

Ah! qu'il vaudroit mieux éviter ces récriminations, effacer ces souvenirs, détruire jusqu'à ces noms d'émigrés, de royalistes, de fanatiques, de révolutionnaires, de républicains,
de philosophes, qui doivent aujourd'hui se perdre dans le sein de la grande famille! Les émigrés ont eu peut-être leurs torts, leurs foiblesses,
leurs erreurs; mais dire à des infortunés qui ont
tout sacrifié pour le Roi, que ce sont eux qui
ont tué le Roi, cela est aussi trop insensé et trop
cruel! Et, qui est-ce qui leur dit cela, grand
Dieu!

Les émigrés nous apportent des fers! On
regarde : et l'on voit d'un côté un Roi qui nous
apporte une Charte, telle que nous l'avions
en vain cherchée, et où se trouvent les bases
de cette liberté qui servit de prétexte à nos fu-

reurs; un Roi qui pardonne tout, et dont le
retour n'a coûté à la France ni une goutte de
sang, ni une larme; on voit quelques Français qui rentrent à moitié nus dans leur patrie,
sans secours, sans protections, sans amis; qui ne
retrouvent ni leurs toits, ni leurs familles; qui
passent sans se plaindre devant leur champ pa-
ternel labouré par une charrue étrangère, et qui
mangent à la porte de leurs anciennes demeures
le pain de la charité. On est obligé de faire pour
eux des quêtes publiques : l'homme de Dieu (1)
qui les suit comme par l'instinct du malheur,
est revenu avec eux des terres lointaines; il est
revenu établir parmi nous pour leurs enfans, les
écoles qu'alimentoit la piété des Anglais. Il
ne manqueroit plus, pour couronner l'œuvre,
que d'établir ces écoles dans un coin de l'antique manoir de l'émigré, de lui préparer à
lui-même une retraite dans ces hôpitaux fondés
par ses ancêtres, et où son bien sert aujour-
d'hui à donner aux pauvres un lit qu'il n'a
plus. Ce n'est pas nous qui faisons cette pein-
ture, ce sont des membres de la Chambre des
Députés, qui n'ont point vu dans ces infortunés
des triomphateurs, mais des victimes.

---

(1) M. l'abbé Caron.

3

Et ces Vendéens, et ces Chouans *à qui tout est réservé*, vous importunent de leur faveur, de leur éclat ? Leur pauvreté honorable, leur habit aussi ancien que leur fidélité, leur air étranger dans les palais, ont été pourtant l'objet de vos railleries lorsque ces loyaux serviteurs sont accourus du fond de la France à la grande, à la merveilleuse nouvelle du retour inespéré de leur Roi. Jetons les yeux autour de nous, et tâchons, si nous le pouvons, d'être justes. Par qui la presque totalité des grandes et des petites places est-elle occupée ? Est-ce par des Chouans, des Vendéens, des *Cosaques*, des émigrés, ou par des hommes qui servoient l'autre ordre de choses ? On n'envie point, on ne reproche point les places à ces derniers : ils sont sans doute dignes de les remplir ; mais pourquoi dire précisément le contraire de ce qui est ? Il n'étoit pas si frappé de la prospérité des émigrés, ce maréchal de France qui a sollicité quelques secours pour de pauvres chevaliers de Saint-Louis : « Car, disoit-il noblement, ou il faut leur » ôter leur décoration, ou leur donner le moyen » de la porter. » Sous l'uniforme français, il ne peut y avoir que des sentimens généreux.

Le véritable langage à tenir sur les émigrés, pour être équitable, c'est de dire que la vente

de leurs biens est une des plus grandes injustices
que la révolution ait produite ; que l'exemple
d'un tel déplacement de propriétés au milieu
de la civilisation de l'Europe, est le plus dangereux qui ait jamais été donné aux hommes ;
qu'il n'y aura peut-être point de parfaite ré-
conciliation entre les Français, jusqu'à ce qu'on
ait trouvé le moyen par de sages tempéramens,
des indemnités, des transactions volontaires,
de diminuer ce que la première injustice a de
criant et d'odieux. On ne s'habituera jamais
à voir l'enfant mendier à la porte de l'héritage
de ses pères. Voilà ce qu'il y a de vrai d'un
côté. Il est vrai, de l'autre, que le Roi ni les
Chambres n'ont pu violemment réparer une
injustice par une injustice. Car enfin on a acheté
sous la garantie des lois : les propriétés ven-
dues ont déjà changé de main ; il est survenu
des enfans, des partages. En touchant à ces
ventes, on désoleroit de nouvelles familles,
on causeroit de nouveaux bouleversemens. Il
faut donc employer pour guérir cette plaie
les remèdes doux qui viennent du temps ; il
faut qu'un esprit de paix préside aux mesures
que l'on pourra prendre. Le désintéressement
et l'honneur sont les deux vertus des Français : avec un tel fond, on peut tout espérer.

3.

On dit que le projet du Roi est de donner chaque année une somme sur la liste civile, pour secourir les anciens propriétaires et favoriser les arrangemens mutuels : le Roi est la gloire et le salut de la France.

CHAPITRE VII.

Singulière méprise sur l'émigration.

En examinant de plus près l'opinion des écri-
vains opposans, on s'aperçoit qu'ils sont tombés
dans une singulière méprise; soit qu'ils l'aient
fait à dessein, soit qu'ils aient erré de bonne
foi. Ne sembleroit-t-il pas, à les entendre, que
l'émigration entière vient de rentrer avec le
Roi? Ignore-t-on que presque tous les émigrés
sont revenus en France, il y a déjà quatorze
ou quinze ans; que les enfans de ces émigrés
soit volontairement, soit de force; les uns at-
teints par la conscription, les autres enlevés
pour les écoles militaires; ceux-ci pressés par
le défaut absolu de fortune, ceux-là obligés de
servir pour éviter à leur famille de nouvelles
persécutions; que les enfans de ces émigrés,

disons-nous, ont pris des places sous Buonaparte? Il a loué lui-même leur courage, leur
désintéressement, et leur fidélité à leur parole
quand une fois ils l'ont donnée ; beaucoup
d'entr'eux ont reçu des blessures sous ses
drapeaux; des chefs de Chouans, des Vendéens ont défendu leur patrie contre les ennemis. On comptoit dans nos armées les premiers gentilshommes de nos provinces, et les
descendans de nos familles les plus illustres.
Représentans de l'ancienne gloire de la France,
ils assistoient pour ainsi dire à sa gloire nouvelle. Dans cette noble fraternité d'armes, ils
oublioient nos discordes civiles; et en servant
leur patrie, ils apprenoient à servir un jour leur
Roi. Ces hommes, qui auroient pu regretter le
rang et la fortune de leurs aïeux ; ces rejetons des
connétables et des maréchaux de France qui
portoient le sac du soldat, nous menaceroient-
ils de la *résurrection de tous les préjugés ?* Ils
ont du moins appris que, dans le métier des
armes, tout soldat est noble, et que le gre-
nadier a ses titres de gentilhomme écrits sur le
papier de sa cartouche.

C'est donc en vain que la malveillance cherche à créer des distinctions et des partis : il n'y
en a point; il n'y en peut pas avoir. Si Louis XVIII

ne vouloit remplir les places que d'*hommes tout-à-fait étrangers à la révolution,* qui seroit pur à ses yeux ? Mais le Roi, et ses preuves sont faites, est aussi impartial qu'il est éclairé; il ne sépare point *ceux qui ont servi le Roi de ceux qui ont servi la patrie.* Ne dénaturons point les faits pour soulager notre humeur; ne prêtons point au prince des sentimens qui ne sont pas les siens, et ne cherchons point à créer des partis, en prétendant en trouver, là où il n'en existe pas.

CHAPITRE VIII.

Des derniers Émigrés.

AINSI, tout le raisonnement des pamphlets contre les émigrés, sophistique par la forme, n'est point solide par le fond : il porte sur une base fausse ; car la grande, la véritable émigration est depuis long-temps rentrée en France. Elle a pris des intérêts communs avec le reste des Français par des alliances, des places, des liens de reconnoissance, et des habitudes de société. Tout se réduit donc à cette petite troupe de proscrits que Louis XVIII ramène à sa suite. Voudriez-vous que, dans son exil, le Roi n'eût pas conservé un ami ? C'est ce qui arrive assez souvent aux princes malheureux. Vous êtes donc effrayés de quelques vieillards qui viennent, tout chargés d'ans et dépouillés

par tant de sacrifices, se réchauffer un
moment au soleil de la patrie ? Nous avons
déjà parlé de leur détresse, faudroit-il, pour
mieux vous tranquilliser, qu'ils fussent encore
durement rejetés par leur Roi ? « Compagnons
» vieillis avec moi dans la terre étrangère,
» leur diroit le monarque, me voilà revenu
» dans mon palais ; j'ai retrouvé mon peuple,
» mon bonheur, la gloire de mes aïeux ; vous,
» vous avez tout perdu pour moi ; vos
» biens sont vendus, les cendres de vos
» pères dispersées : adieu, je ne vous connois
» plus ? » Et où iront-ils ces compagnons du
malheur du Roi, ceux qui ont dormi dans
l'exil, la tête appuyée sur les fleurs de lis
presqu'effacées par le sang et les larmes ; ceux
qui se consoloient, en entourant de leurs respects
et de leurs communes misères le Roi de l'adver-
sité ? Ne permettez-vous point que Louis XVIII
leur prête un coin de son manteau ? Voulez-
vous qu'il prenne un air sévère quand il les
voit ; qu'il ne leur adresse jamais une de ces
paroles qui paient en France tous les services ?
Vous le voulez indulgent, miséricordieux, et
vous exigez qu'il soit ingrat ! Admirons nos
Rois d'avoir été aimés dans le malheur, et
d'aimer dans la prospérité !

~~~~~~

CHAPITRE IX.

S'il est vrai qu'on soit plus inquiet aujourd'hui qu'on ne l'étoit
au moment de la restauration.

———

« Au retour des Bourbons, dit-on encore, la
» joie fut universelle; il n'y eut qu'une opi-
» nion, qu'un sentiment : les anciens républi-
» cains, *particulièrement opprimes*, applau-
» dirent franchement à la restauration. Au-
» jourd'hui les partis renaissent, cette heureuse
» confiance est ébranlée, etc. » Nous avons été
aussi témoins des premiers momens de la restauration, et nous avons observé précisément le
contraire de ce que l'on avance ici. Sans doute
il y eut du bonheur, de la joie à l'arrivée des
Bourbons, mais il s'y mêloit beaucoup d'inquié-
tude. Les anciens républicains étoient bien loin
surtout d'être si satisfaits, d'applaudir avec
tant de cordialité. Plusieurs d'entr'eux son-

geoient à se retirer, et avoient tout préparé pour
la fuite. Et en quoi avoient-ils été PARTICU-
LIÈREMENT *opprimés* sous Buonaparte ? Ils
jouissoient d'une grande fortune ; ils occupoient
les premières places de l'Etat. Quoi! c'étoient
les *Bourboniens*, les royalistes qui jouissoient
de la faveur sous la tyrannie ? On croit rêver.

La vérité est que la confiance ne fut point
entière au premier moment du retour du Roi :
beaucoup de gens étoient alarmés, les provinces même agitées, incertaines, divisées ;
l'armée ne savoit si on lui compteroit ses
souffrances et ses victoires ; on craignoit les
fers, on redoutoit les vengeances.

Mais, peu à peu le caractère du Roi étant
mieux connu, les frayeurs se calmèrent ; on
vit luire l'aurore d'une paix et l'espérance d'un
bonheur sur lesquels on ne comptoit presque
plus. Rassurés sur les opinions que l'on avoit
eues, sur les votes que l'on avoit pu émettre,
tous les partis placèrent dans le monarque
une juste confiance.

Depuis ce temps, le Roi n'a cessé de prendre
de nouvelles forces, et la France de marcher
vers la prospérité. Chaque jour le très-petit
nombre d'opposans diminue ; les contes ab-
surdes, les terreurs populaires s'évanouissent,

le commerce renaît ; les manufactures refleu-
rissent ; les impôts se paient ; une immense dette
est comblée ; l'armée n'a plus qu'un seul et
même esprit ; les prisonniers et les soldats licenciés sont retournés au sein de leurs familles ;
les officiers, avec une retraite honorable,
jouissent dans leurs foyers de l'admiration
due à leur courage ; la conscription abolie
ne fait plus trembler les mères ; la plus entière liberté d'opinions dans les deux Chambres, dans
les livres, dans les journaux, dans les discours,
annonce que nous sommes enfin rendus à notre
dignité naturelle : on se sent en pleine jouis-
sance de ses droits. La main sur le cœur, de
quoi se plaindroit-on ? De qui et de quoi a-t-on
peur ? Jamais calme fut-il plus profond après
la tempête ? Les libelles que nous combattons
ne sont-ils pas même la preuve de la plus entière liberté, comme de la force du gouvernement ? Tout marche sans effort, sans oppres-
sion : les étrangers sont confondus, et presque
jaloux de notre paix et de notre prospérité.
On n'entend parler ni de police, ni de dénon-
ciation, ni d'un acte arbitraire du pouvoir, ni
d'exécution, ni de réaction publique, ni de
vengeance particulière. Les magistrats ont
seuls agi quand ils ont cru voir des coupables ;

et cela s'est borné à l'arrestation de quelques individus remis en liberté, aussitôt que l'on a reconnu qu'ils n'avoient pas outrepassé la loi. On va, on vient, on fait ce qu'on veut. N'est-on pas content : les chemins sont ouverts; qu'on demande des passe-ports, qu'on emporte sa fortune, chacun est le maître : à peine rencontre-t-on un gendarme. Dans un pays où plus de quatre cent mille soldats ont été licenciés, il n'y a pour ainsi dire pas une porte fermée, et pas un voleur de grand chemin. Les créatures, les parens de Buonaparte sont partout; ils jouissent de la protection des lois. S'ils ont des pensions sur l'Etat, le Roi les paie scrupuleusement. S'ils veulent sortir du royaume, y rentrer, porter des lettres, en rapporter, envoyer des courriers, faire des propositions, semer des bruits et même de l'argent, s'assembler en secret, en public, menacer, répandre des libelles, en un mot, *conspirer*, comme nous l'avons dit ailleurs, ils le peuvent; cela ne fait de mal à personne. Ce gouvernement de huit mois est si solide que, fît-il aujourd'hui fautes sur fautes, il tiendroit encore, en dépit de ses erreurs. Le frère de Louis XVI, la famille de Louis XVI, la Charte qui garantit nos libertés; ce sont là des puissances que rien ne peut ébranler. Immobile sur son trône, le Roi a calmé les flots autour de lui : il n'a cédé à aucune influence, à aucune impulsion, à aucun parti. Sa patience confond, sa bonté subjugue et enchaîne, sa paix se communique à tous. Il a connu les propos que l'on a pu tenir, les petites humeurs que l'on a témoignées, les folles démarches que l'on a pu faire : tout cela s'est évanoui devant son inaltérable sérénité. Lorsqu'autrefois, en Allemagne, il fut frappé d'une balle à la tête, il se contenta de dire : « Une ligne plus haut, et le Roi de France » s'appeloit Charles X, » et il n'en parla plus. Lorsqu'il reçut l'ordre de quitter Mittau, au milieu de l'hiver, il ne fit pas entendre une plainte. Cette magnanimité sans ostentation qui lui est particulière, ce sang-froid que rien ne peut troubler, le suivent aujourd'hui au milieu de ses prospérités. On lui adresse une apologie de la mort de son frère, il la lit, fait quelques observations, et la renvoie à son auteur. Et pourtant il est Roi! Et pourtant il pleure tous les jours en secret la mort de ce frère! En entrant pour la première fois aux Tuileries, le jour de son arrivée à Paris, il se jeta à genoux : « O mon frère, s'écria-t-il, » que n'avez-vous vu cette journée! Vous

» en étiez plus digne que moi. »

s'approche de lui, il a toujours l'air de vous dire : « Où pourriez-vous trouver un meil-
» leur père ? Laissez-moi panser vos bles-
» sures ; j'oublie les miennes pour ne songer
» qu'aux vôtres. Est-ce à mon âge, après mes
» malheurs, que je puis aimer le trône pour
» moi-même ? Je suis là pour vous ; et je veux
» vous rendre aussi heureux que vous avez été
» infortunés. »

Quiconque jette les yeux autour de soi, au dedans et au dehors, et ne comble pas de bé-nédictions le prince que le ciel nous a rendu, n'est pas digne d'être gouverné par un tel prince.

———

~~~~~~

CHAPITRE X.

Si le Roi devoit reprendre les anciennes formules dans les actes
émanés du trône.

———

Vient ensuite un autre genre de plainte :
comme des enfans gâtés à qui l'on ne refuse
rien, nous ne savons à qui nous en prendre
de notre bonheur. « Le Roi a voulu recevoir
» la couronne comme un héritage, et non
» comme un don du peuple ; il s'est donné le
» titre de Roi de France, et non de Roi des
» Français ; il a repris l'ancienne formule : Par
» la grâce de Dieu, etc. »

Nous voulons une monarchie, ou nous n'en
voulons point. Si nous la voulons, desirons-
nous qu'elle soit élective ? Dans ce cas, nous
avons raison de trouver mauvais que le Roi ait
daté sa charte de l'an *dix-neucième* de son
règne, et de s'appeler *Louis XVIII.* Mais si,

connoissant les inconvéniens de la monarchie
élective, nous revenons à la monarchie héréditaire, incontestablement la meilleure de toutes,
le Roi a dû dire : « Je règne, parce que mes
» ancêtres ont régné, je règne par les droits de
» ma naissance; sauf à moi à convenir avec mes
» peuples d'une forme d'institutions qui ré-
» gularise mon pouvoir, assure la liberté ci-
» vile et politique, et soit agréable à tous. »
Rien alors n'est plus conséquent que la conduite du Roi : nous ne sommes point une république, et il n'a pas dû reconnoître la souveraineté du peuple; nous ne sommes point une
monarchie élective, et il n'a pu revenir par
voie d'élection. Si vous sortez de là, tout est
confondu. Il semble toujours à certains esprits
exaltés qu'un Roi anéantit la loi, ou que la loi
va faire disparoître le Roi : Loi et Roi sont
fort compatibles, ou plutôt c'est une et même
chose, selon Cicéron et le bon sens.

C'est une chicane bien misérable encore que
celle qui regarde le titre de *Roi de France*.
Les Anglais ne sont-ils pas libres? Cependant,
Charles II a daté la déclaration donnée à Breda
de *l'an douzième de son règne*, et l'on dit Roi
d'Angleterre (*King of England*), et non pas
Roi des Anglais (*King of the English*). Est-il

4

plus noble d'ailleurs que le Roi soit, par son titre, *propriétaire* des Français (Roi des Français), que *propriétaire* de la France (Roi de France)? Ne vaudroit-il pas mieux qu'il possédât la terre que l'homme ? Car, Roi des Français ne voudroit pas dire qu'il a été choisi, élu par eux, puisque la monarchie est héréditaire, mais qu'il en est le maître, le possesseur. Tous ces raisonnemens sont, de part et d'autre, de méchantes subtilités : au fond, il ne s'agit pas de tout cela. Sous la première race de nos Rois, on disoit Roi des Francs, *Rex Francorum*. Pourquoi ? Parce que les Francs étoient, non une nation, mais un petit peuple barbare et conquérant, presque sans lois, et surtout sans propriétés fixes : ils n'avoient donc alors qu'un général, qu'un capitaine, qu'un chef, qu'un Roi, *Dux*, *Rex Francorum*. Sous la seconde race, le titre d'empereur se mêla à celui de Roi, et n'emporta encore que l'idée d'un chef de guerre, *Imperator*. Sous la troisième race, on commença à dire Roi de France, *Rex Franciæ*, parce qu'alors le peuple Franc, par son mélange avec les Gaulois et les Romains, étoit devenu une *nation* attachée au sol de la France, remplaçant les lois Salique, Gombette et Ripuaire de la première race, les Capitulaires de la seconde, par l'usage du Droit Romain, par des Coutumes écrites recueillies vers le temps de Charles VIII (1), substituant des tribunaux sédentaires à des tribunaux errans, et marchant à grands pas vers la civilisation. Tout n'est pas dans le *Contrat Social*; étudions un peu l'histoire de France : nous ne serons ni si prompts à condamner, ni si superbes dans nos assertions.

La formule *par la grâce de Dieu* se défend d'elle-même : tout est par la grâce de Dieu. Franchement, tâchons, si nous pouvons, d'être libres et heureux, et même, s'il le faut absolument, par la grâce de Dieu! Cela est un peu dur, il est vrai; mais enfin, on n'a pas toujours ce que l'on veut. Pour nous consoler, nous penserons que les plus grands philosophes ont cru qu'une formule religieuse étoit aussi favorable à la politique qu'à la morale. Cicéron remarque que la république romaine ne dut sa grandeur qu'à sa piété envers les Dieux. Nos petites impiétés politiques auroient fait grande pitié aux anciens. « Soit qu'on bâtisse une cité » nouvelle, dit Platon, soit qu'on en rebâtisse

---

(1) La plus ancienne des coutumes recueillies est celle du Ponthieu, par ordre de Charles VII, 1495.

» une ancienne tombée en décadence, il ne faut
» point, si on a du bon sens, qu'en ce qui
» appartient aux Dieux, aux temples, on fasse
» aucune innovation contraire à ce qui aura
» été réglé par l'Oracle. »

Enfin, dans toute constitution nouvelle, il
est bon, il est utile qu'on aperçoive les traces
des anciennes mœurs. Pourquoi la république
française n'a-t-elle pu vivre que quelques momens? C'est (indépendamment des autres causes
qui l'ont fait périr) qu'elle avoit voulu séparer
le présent du passé, bâtir un édifice sans base,
déraciner notre Religion, renouveler entièrement nos lois, et changer jusqu'à notre langage. Ce monument flottant en l'air, qui n'avoit
de point d'appui ni dans le ciel, ni sur la terre,
s'est évanoui au souffle de la première tempête.

Au contraire, dans les pays où il s'est opéré
des changemens durables, on voit toujours
une partie des anciennes mœurs se mêler aux
mœurs nouvelles, comme des fleuves qui
viennent à se réunir, et s'agrandissent en con-
fondant leurs eaux. Dans la république romaine, on conserva la plus grande partie des
institutions monarchiques. « Le nom seul de Roi
» fut changé, dit Cicéron; la chose resta (1). »

_____

(1) De Leg. III, 7.

Ce nom même de Roi fut jugé si sacré, qu'on le garda parmi les choses saintes, en l'attribuant au chef des sacrifices : *Rex sacrificulus* ou *Rex sacrorum*. A Athènes, la dignité de Roi des sacrifices étoit le partage du second archonte, Αρχων Βασιλευς, et elle passoît pour une des premières de l'Etat. La constitution des Anglais porte de profondes marques de son origine gothique. « Le Roi, dit Montesquieu, y conserve, avec une autorité limitée, toutes les apparences de la puissance absolue. » Dans certains cas, on le sert à genoux, on lui parle dans le langage le plus soumis et le plus respectueux; en un mot, on lui parle comme à la loi, dont il est la principale source.

Il y a plus : presque toutes les coutumes normandes, et les lois saxonnes subsistent encore en Angleterre, même celles qui paroissent aujourd'hui les plus éloignées de nos mœurs. Ainsi, dans certains comtés, un mari peut exposer sa femme au marché public ; ce qui remonte à l'ancien droit d'esclavage. Qui croiroit que, dans un pays si libre, on retrouve tout ce qui rappelle les siècles que nous appelons de servitude, et contre lesquels nous avons tant déclamé? C'est que nos voisins ont été plus raisonnables que nous ; c'est que, pour fonder quelque chose, ils se sont servis de la base qu'ils ont trouvée ; c'est qu'ils ont le bon esprit de laisser les lois caduques mourir de *mort*, sans hâter leur destruction par une violence dangereuse. Quelques politiques pourront prendre tout cela pour de l'esclavage ; et c'est avec cette exagération qu'on passe des excès de la démagogie à la soumission la plus lâche sous un tyran : rien de bon sans la raison.

Enfin ce Guillaume III, ce monarque qu'on n'appela au trône d'Angleterre que sous la condition d'accepter la constitution de 1688, fut aussi Roi, lui et ses successeurs, de droit divin et par la grâce de Dieu : *It was observed that,* dit Smollett, *the King who was made by the people, had it in his power to rule without them ; to govern* jure divino *though he was created* jure humano.

« On remarqua que le Roi choisi par le peu-
» ple pouvoit, s'il le vouloit, gouverner sans le
» peuple, et régner de *droit divin*, quoiqu'il eût
» été établi de *droit humain*. »

Les Anglais en sont-ils moins libres aujourd'hui ? N'est-ce pas au contraire ce qui a affermi chez eux les bases de la liberté, en lui donnant un caractère sacré ? Ainsi les mœurs

de nos pères; conservées dans de vieilles formules, dans le souvenir de notre ancien droit
politique , porteront quelque chose de reli-
gieux dans les institutions nouvelles. La monarchie française est un arbre antique dont il faut
respecter le tronc, si nous voulons greffer sur ses
branches de nouveaux fruits. Cet arbre de la
patrie, qui nous a donné ses fruits pendant quatorze cents ans , peut encore en nourrir d'aussi
beaux, quoique d'une autre espèce, si l'on sait
bien profiter de sa sève. Fût-il d'ailleurs aussi des-
séché qu'il est vigoureux, à l'ombre de la religion, et *par la grâce de Dieu*, il auroit bientôt
repris sa-verdure : le bâton d'Aaron refleurit
dans l'Arche.

Il est fâcheux qu'une révolution si longue et
si terrible, ne nous ait pas mieux instruits; que
nous en soyons encore à ces élémens de la politique, à nous disputer sur des mots : ayons la
chose , sans nous embarrasser comment nous l'a-
vons; ayons une liberté monarchique et sage ;
peu importe que nous la tenions des mains d'un
chancelier en simarre, dans le langage gothique
des Harlay et des l'Hopital; ou plutôt il importe
beaucoup qu'elle soit fille de nos mœurs, et
qu'à ses traits nous reconnoissions notre sang.

CHAPITRE XI.

Passage d'une Proclamation du Roi.

———

Voici un autre grief : « Le Roi a dit dans une
» de ses proclamations que tout le monde con-
» serveroit ses places, et cependant quelques
» personnes les ont perdues. »

Le reproche est étrange ! Le Roi a-t-il pu
prendre l'engagement de ne déplacer *absolument* qui que ce fût ? Quoi, par le seul fait de
la présence du Roi, toutes les places de l'Etat
seroient devenues *places à vie*, le moindre
commis à la barrière se seroit trouvé dans
le cas du chancelier ! Le moyen alors de
gouverner ? Louis XVIII, comme Hugues
Capet, auroit confirmé ou établi, en arrivant,
le système des fiefs ; il y auroit eu autant de
petits et de grands souverains, qu'il y a de
grandes et de petites places en France ? Il ne

restoit plus qu'à les rendre héréditaires. Le Roi n'auroit pu renvoyer un juge prévaricateur, un receveur infidèle, un homme repoussé par l'opinion publique : il auroit fallu, dans tous ces cas, nommer un administrateur en attendant la démission ou la mort du titulaire.

Que veut donc dire cette phrase : « Tout le » monde conservera ses places ? » Elle veut dire, selon le sens commun, que tout homme contre lequel il n'y aura pas de raisons invincibles, soit du côté de la capacité, soit sous le rapport moral, restera dans le poste où le Roi l'aura trouvé, ou bien qu'il sera appelé à d'autres fonctions ; elle veut dire qu'on ne sacrifiera pas un parti à un autre, que le nom de royaliste et de républicain ne sera ni un droit d'admission, ni une cause d'exclusion ; et qu'enfin les seuls et véritables titres aux places seront la probité et l'intelligence. Dans ce cas, le Roi n'a-t-il pas suivi exactement ce qu'il avoit promis ? Nous avons déjà fait remarquer que la presque totalité des emplois est entre les mains des personnes qui ont servi l'ordre de choses détruit par la restauration.

De la plainte générale, passant à la plainte particulière, on cite les membres du Sénat, qui n'ont pas été admis dans la Chambre des Pairs.

Il ne falloit pas toucher à une pareille question :
il ne falloit pas rappeler au public que tel homme
qui a fait tomber la tête de Louis XVI, reçoit
une pension de 36,000 fr. de la main de Louis
XVIII. Loin de se plaindre il falloit se taire ; il
falloit sentir que de pareils exemples produisent
un tout autre effet que d'attirer l'intérét sur
ceux dont on se fait les défenseurs. Tant de
malheureux proscrits pour la cause royale, tant
d'honnêtes républicains qui n'ont par devers eux
aucun crime, pourroient tomber dans le décou-
ragement. Les uns sont réduits par leur loyauté
à la plus profonde misère ; les autres sont restés
dans leur première indigence, pour n'avoir
pas voulu profiter de nos malheurs : ils se livre-
roient à des réflexions étranges à la vue de ces
juges du Roi, qui possèdent des châteaux, des
traitemens, des cordons, des places même, et
des honneurs. N'insistons pas sur cette idée :
nous trouverions peut-être que les honnêtes
gens n'ont jamais été mis à une plus rude
épreuve ; et nous jetterions sur le bien et sur le
mal, sur les bonnes et sur les mauvaises actions,
des doutes capables d'ébranler la vertu même.

Dans la vérité, on ne fait pas sérieusement
aux ministres du Roi le reproche que nous exa-
minons ; car on insinue qu'ils ont conservé

dans la Chambre des Pairs des membres du Sénat que (selon les auteurs des pamphlets) on auroit dû renvoyer. D'où il résulte qu'on est conduit dans ces plaintes plus par un esprit de parti, que par un sentiment de justice ; et qu'on est bien moins fâché que tel homme soit exclu de la Chambre des Pairs, que fâché que tel autre homme y soit admis.

~~~~~~

CHAPITRE XII.

Des Alliés, et des Armées françaises.

A TRAVERS les déclamations, on voit percer une inimitié secrète contre les puissances alliées qui nous ont aidé à rompre nos chaînes.

Si les alliés sont entrés en France, à qui la faute en est-elle ? Est-ce au Roi, ou à l'homme de l'île d'Elbe ? Y sont-ils entrés pour Louis XVIII ? Ils desiroient, sans doute, que les Français, revenus de leurs erreurs, rappelassent leur souverain légitime; ils le desiroient comme le moyen le plus prompt et le plus sûr de faire cesser les maux de l'Europe; ils le desiroient pour la cause de la justice, de l'humanité et des Rois; ils le desiroient encore à raison de l'amitié particulière qu'ils portoient à Louis XVIII, et de l'estime qu'ils faisoient de ses vertus : mais ce vœu secret de leur cœur étoit à peine pour

eux une foible espérance. Ayant, après tout,
d'autres intérêts que les nôtres, ils se devoient
à leurs peuples de préférence à nos malheurs;
ils ne pouvoient songer à prolonger sans fin les
calamités de la guerre; ils auroient, quoiqu'à
regret, traité avec Buonaparte, s'il avoit voulu
mettre la moindre justice dans ses prétentions.
Combien de fois ne s'est-il pas vanté, pendant
le congrès de Châtillon, d'avoir la paix dans
sa poche? Une fois même on l'a crue signée, et
en effet, elle étoit près de l'être. Les Bourbons
n'étoient pour rien dans ces mouvemens, ou
du moins ils n'y étoient que pour des vœux
subordonnés aux chances de la guerre, aux
événemens et aux combinaisons politiques. Ils
n'avoient ni soldats, ni argent, ni crédit. On
n'avouoit pas même leur présence sur le con-
tinent; et à Paris c'étoit un problème de savoir
si quelques uns d'entr'eux étoient ou n'étoient
pas sortis d'Angleterre.

Les malheurs de la guerre ne peuvent donc
être imputés à nos princes : la chose est si évi-
dente, qu'on n'a pas encore osé les leur reprocher. Très-certainement (et nous le sentons
peut-être plus vivement qu'un autre) c'est une
chose peu agréable pour un peuple de voir
les étrangers dans le cœur de son pays; mais

l'événement arrivé, par la faute d'un homme
qui lui-même étoit étranger à la France,
pourroit-on ne pas reconnoître ce que la conduite des ennemis a eu de noble et de généreux?
Ils ont donné à Paris un exemple unique dans
l'histoire, et qui, peut-être, ne se renouvellera
plus. Y avoit-il rien de plus insensé, de plus absurde, de plus déloyal que cette dernière guerre
déclarée par Buonaparte à Alexandre? Il sera
éternellement beau, éternellement grand, d'être
sorti des cendres de Moscou, pour venir conserver les monumens de Paris. Et l'Autriche qui
avoit tant fait de sacrifices, et la Prusse si cruel-
lement ravagée, n'avoient-elles point de vengeances à exercer? Et pourtant, les souverains
alliés, admirant notre courage, oubliant leurs
injures, poussant la délicatesse jusqu'à ne pas
vouloir entrer dans le palais de nos Rois, n'ont
paru attentifs qu'à notre bonheur. Refuserions-
nous à l'un des premiers hommes de ce siècle,
à lord Wellington, les éloges moins dus encore
à ses talens qu'à son caractère? Mais la part une
fois faite, ces justes louanges une fois données
à des monarques, à des hommes, à des peuples
qui les méritent, nous rentrons dans tous nos
droits. Ces louanges ne sont point prises sur
celles qui appartiennent à nos armes. En quoi

sommes-nous humiliés ? On est venu à Paris ? Eh bien! ne sommes-nous pas entrés dans presque toutes les capitales de l'Europe ? Si on cessoit d'être juste envers notre gloire, ce seroit à nous de nous en souvenir. Les Romains disoient : l'*amour* de la patrie; nous, nous disons : l'*honneur* de la patrie. L'honneur est tout pour nous. Malheur à qui oseroit nous frapper dans cet honneur où un Français place toute sa vie!

Mais, grâce à Dieu, personne ne nous dispute ce qui nous appartient légitimement. Qui donc méconnoît l'héroïsme de notre armée ? Sont-ce ces émigrés qui ont été accusés chez l'étranger, de s'enorgueillir des victoires mêmes qui leur fermoient le chemin de leur patrie ? Qui ne connoît l'admiration du Roi et de nos princes pour nos soldats ? L'armée française est tout l'honneur de la France : si ces succès n'avoient pas fait oublier nos crimes, dans quelle dégradation ne serions-nous pas tombés aujourd'hui ! Elle nous déroboit au mépris des nations, en nous couvrant de ses lauriers ; à chaque cri d'indignation échappé à l'Europe, elle répondoit par un cri de triomphe. Nos camps étoient un temple pour la gloire, un asile contre la persécution : là se réfugioient tous les Français qui cherchoient à se sonstraire aux violences des proconsuls. Nos soldats n'ont partagé aucune de nos fureurs. En Angleterre, le parlement vouloit sauver Charles Ier, et l'armée le fit mourir ; en France, la convention conduisit Louis XVI à l'échafaud, et l'armée ne prit aucune part à ce crime : elle l'auroit sans doute prévenu (1), si elle n'eût été alor occupée à repousser les ennemis. Lorsqu'on lui ordonna de ne faire aucun quartier aux Anglais et aux émigrés, elle refusa d'obéir. Persécutée comme le reste de la France par des ingrats qui lui devoient tout, elle étoit souvent sans solde, sans vivres et sans vêtemens ; elle se vit suivre par des commissaires qui traînoient avec eux des instrumens de mort, comme si le boulet ennemi n'emportoit pas encore assez de nos intrépides soldats ! On envoyoit nos généraux au supplice ; on faisoit tomber la tête du père de Moreau, tandis que ce grand capitaine reculoit les frontières de la France. C'est Pichegru, ce sont d'autres chefs fameux qui conçurent les premiers l'idée de rendre le bonheur à notre pays, en rappelant notre Roi. Honneur donc à cette armée si

_____

(1) Voyez le discours de M. de La Fayette, dans l'ouvrage de M. Hue.

brave, si sensible, si touchée de la gloire; qui,
toujours fidèle à ses drapeaux, oubliant les
folies d'un Barbare, retrouva assez de force,
après la retraite de Moscou, pour gagner
la bataille de Lutzen; qui, poussée et non acca-
blée par le poids de l'Europe, se retira en
rugissant dans le cœur de la France, défendit
pied à pied le sol de la patrie, se préparoit
encore à de nouveaux combats; lorsque placée
entre un chef qui ne vouloit pas mourir et un
Roi qui venoit fermer ses blessures, elle s'élança
toute sanglante dans les bras du fils d'Henri IV!

Non, les événemens glorieux ne sont ni
oubliés ni défigurés, comme on voudroit le
faire croire; on n'a point perdu, quoi qu'on
en dise, la *partie d'honneur :* cette partie-là ne
sera jamais perdue par des Français. Eh !
n'est-elle pas mille fois gagnée, puisqu'elle
nous a valu notre Roi, et qu'elle nous a fait
sortir d'esclavage! C'est un si grand bien d'être
délivré du despotisme, qu'on ne sauroit trop
l'acheter. Si jamais, ce qu'à Dieu ne plaise, notre
repos devoit encore être troublé, des Français peuvent retrouver des victoires; mais où
retrouve-t-on un peuple lorsqu'une longue
servitude l'a flétri? Pour nous, nous le dirons
avec franchise, nous aimerions mieux la France

resserrée dans les murs de Bourges, mais
libre sous un Roi légitime, qu'étendue jusqu'à Moscou, mais esclave sous un tyran. Du
moins on ne nous verroit pas adorer les
fureurs et bénir les mépris d'un indigne maître,
baiser ses mains dégouttantes du sang de
nos fils, offrir des sacrifices à sa statue ; et
porter son buste orné de pourpre sur la tribune
aux harangues. Les Romains étoient un grand
peuple, quand ils ne passoient pas la frontière
des Samnites : qu'étoient-ils lorsque gouvernés
par Néron, ils commandoient sur les rives du
Rhin et de l'Euphrate ?

———

CHAPITRE XIII.

De la Charte. Qu'elle convient aux deux Opinions qui partagent la France.

——

Ici finit ce que notre tâche avoit de pénible : nous n'avons plus de sujets douloureux à rappeler. Le principal écrivain que nous avons combattu a raison, dans les dernières pages de son ouvrage ; il nous dit : « que la Charte » offre assez de garanties pour nous sauver » tous ; qu'il faut nous créer une opinion pu- » blique, nous attacher à notre patrie. » Belles paroles auxquelles nous souscrivons de grand cœur. Et qui pourroit se plaindre de cette Charte ? Elle réunit toutes les opinions, réalise toutes les espérances, satisfait tous les besoins. Examinons-en l'esprit : nous trouverons, dans cet examen, un nouveau sujet de reconnoissance pour le Roi.

5.

Les Français, indépendamment des divisions politiques naturelles et nécessaires à une
monarchie, se partagent aujourd'hui en deux
grandes classes : ceux qui ne sont pas obligés de travailler pour vivre, et ceux que
leur fortune met dans un état de dépendance :
occupés de leur existence physique, les se-
conds n'ont besoin que de bonnes lois ; mais les
premiers, avec le besoin des bonnes lois, ont
encore celui de la considération. Ce besoin est
dans tous les cœurs ; il n'y a point de puissance
humaine qui parvînt aujourd'hui à le détruire,
ou qui le choquât impunément. C'est une consé-
quence nécessaire de l'égalité qui s'est établie
dans l'éducation et dans les fortunes. Tout homme
qui lit, passe (et trop souvent pour son malheur)
de l'empire des coutumes à l'empire de sa
raison. Mais enfin ce sentiment est noble en
lui-même : le heurter seroit dangereux.

De plus, il faut se souvenir que depuis soixante
ans, les Français se sont accoutumés à penser
librement sur tous les sujets : depuis vingt ans,
ils ont mis en pratique toutes les théories
qu'ils s'étoient plus à former. Des essais sanglans sont venus les détromper. Cependant les
idées d'une indépendance légale et légitime,
ont survécu : elles existent partout, dans le

soldat sous la tente , chez l'ouvrier dans sa boutique. Si vous voulez contrarier ces idées, les resserrer dans un cadre où elles ne peuvent plus entrer, elles feront explosion , et en éclatant, causeront des bouleversemens nouveaux. Il est donc nécessaire de chercher à les employer dans un ordre de choses où elles aient assez d'espace pour se placer et pour agir, et où cependant elles rencontrent des dignes assez fortes pour résister à leurs débordemens.

C'est ce que le Roi a merveilleusement senti ; c'est à quoi il a pourvu par la Charte. Toutes les bases d'une liberté raisonnable y sont posées ; et les principes républicains s'y trouvent si bien combinés, qu'ils y servent à la force et à la grandeur de la monarchie.

D'une autre part, vous ne pouvez pas arracher les souvenirs, ôter aux hommes les regrets de ce passé que l'on aime et que l'on admire d'autant plus qu'il est plus loin de nous. Si vous prétendez forcer les sentimens des vieux royalistes à se soumettre aux raisonnemens du jour, vous produirez une autre espèce de réaction. Il faut donc trouver un ordre de choses où la politique de nos pères puisse conserver ce qu'elle a de vénérable , sans contrarier le mouvement des siècles. Eh bien !. la Charte présente encore cette heureuse institution : là se trouvent consacrés tous les principes de la monarchie. Elle convient donc également cette Charte à tous les Français : les partisans du gouvernement moderne parlent au nom des lumières qui leur semblent éclairer aujourd'hui l'esprit humain ; les défenseurs des institutions antiques invoquent l'autorité de l'expérience : ceux-ci plaident la cause du passé ; ceux-là l'intérêt de l'avenir. Les républicains disent : « Nous » ne voulons pas retourner à la féodalité, aux » superstitions du moyen âge. » Les royalistes s'écrient : « Nous ne voulons pas, de consti-» tution en constitution, nous égarer dans de » vains systèmes, abandonner ces idées mo-» rales et religieuses qui ont fait la gloire et » le bonheur de nos aïeux. » Aucun de ces excès n'est à craindre dans l'espèce de monarchie rétablie par le Roi. Dans cette monarchie viennent se confondre les deux opinions : l'une ou l'autre comprimée produiroit de nouveaux désastres : les idées nouvelles donneront aux anciennes idées cette dignité qui naît de la raison, et les idées anciennes prêteront aux nouvelles idées cette majesté qui vient du temps.

La Charte n'est donc point une plante exo-

tique, un accident fortuit du moment : c'est
le résultat de nos mœurs présentes; c'est un
traité de paix signé entre les deux partis qui
ont divisé les Français : traité où chacun des
deux abandonne quelque chose de ses prétentions pour concourir à la gloire de la patrie.

~~~~~~

CHAPITRE XIV.

Objections des Constitutionnels contre la Charte. De l'Influence
ministérielle et de l'Opposition.

———

« Mais, disent les Constitutionnels, la Charte
» est incomplète : il faudroit que la Chambre
» des Pairs fût héréditaire ; que l'on pût entrer
» plus jeune dans la Chambre des Députés ;
» qu'il y eût un ministère et non pas des mi-
» nistres ; que les ministres fussent membres
» des deux Chambres ; que ces ministres fussent
» de bonne foi ; que l'Opposition ne fût pas
» une opposition sans richesses, sans pouvoir,
» sans influence, sans moyen de contrebalancer
» l'influence ministérielle. Qu'est-ce qu'une an-
» cienne et une nouvelle noblesse *conservée ?*
» Qu'est-ce que des lettres d'anoblissement

» lorsque, par le fait, il n'y a qu'une noblesse
» politique ? »

Les Français auront-ils toujours cette impatience déplorable qui ne leur permet de rien attendre de l'expérience et du temps ? Quoi, depuis le printemps dernier il n'y a pas eu assez de miracles ! Tout doit être aujourd'hui complet, parfait, achevé. La constitution anglaise est le fruit de plusieurs siècles d'essais et de malheurs, et nous en voulons une sans défaut dans six mois. On ne se contente pas de toutes les garanties qu'offre la Charte, de ces grandes et premières bases de nos libertés; il faut sur-le-champ arriver à la perfection : tout est perdu, parce qu'on n'a pas tout. Au milieu d'une invasion, dans les dangers et dans les mouvemens d'une restauration subite, on voudroit que le Roi eût eu le temps de porter ses regards autour de lui, pour découvrir les élémens de ces choses que l'on réclame ! Devoit-il tout précipiter ? Ce qu'il a osé faire même n'est-il pas prodigieux ? Nous qui commençons ce gouvernement, ne nous manque-t-il rien pour le bien conduire ? Ne vaut-il pas mieux qu'il se corrige progressivement avec nous, que de devancer notre éducation et notre expérience ? Un seul article de la Charte place notre constitution au-dessus de toutes celles qui ont été jusqu'ici le plus admirées : nous sommes le premier peuple du Monde dont l'acte constitutionnel ait aboli le droit de confiscation; par là est à jamais tarie une source effroyable de corruption, de délation, d'injustices, de crimes. Et voilà le seul jugement que le Roi ait porté sur la révolution, la seule condamnation dont il l'ait frappée!

On parle des ministres : on se fait une idée ridicule et exagérée de leur influence. D'abord ils sont responsables ; et c'est déjà une chose assez menaçante pour eux, que ce glaive suspendu sur leur tête. Ensuite nous avons contre leur incapacité, une garantie qui tient à la nature même de nos constitutions. Nous sommes à peu près sûrs que les hommes les plus distingués par leurs talens seront appelés au timon de l'Etat; car un homme absolument nul ne peut occuper long-temps une première place, sous un gouvernement représentatif. Attaqué par la voix publique et dans les deux Chambres, il seroit bientôt obligé de descendre du poste où la seule faveur l'auroit fait monter. La nation est donc pour toujours à l'abri de ces ministres qui n'ont pour eux que l'intrigue, et dont l'impéritie a perdu plus d'Etats que les fautes mêmes des Rois.

Soupçonner la bonne foi des ministres est
absurde. Est-ce avec une nation aussi éclairée,
aussi spirituelle, qu'on pourroit employer de
petites ruses? Tous les yeux seroient à l'instant ouverts. Aujourd'hui il est dans l'intérêt
du gouvernement de marcher à la tête des
choses, et non d'être forcé de les suivre: il n'y
a donc rien à craindre de ce côté.

Quant à l'Opposition, nous convenons qu'elle
ne peut jamais être en France de la même nature qu'en Angleterre. Parmi nous, les fortunes
ne sont pas assez grandes, le patronage des familles n'est pas assez étendu pour que l'Opposition trouve en elle-même de quoi résister à
l'influence ministérielle. Mais si elle n'a pas cette
force d'intérêts que lui donnent ses richesses
chez nos voisins, elle exerce en revanche une
force d'opinion bien plus vive. Qu'un homme de
talent et de probité se trouve, non par contradiction mais par conviction, opposé aux ministres, il obtiendra dans les deux Chambres et
dans la France entière une prépondérance que
tou le poids de la couronne pourroit seule
balancer. Un discours éloquent et juste remuera
bien autrement notre Chambre des Députés,
qu'un discours semblable prononcé dans la
Chambre des Communes en Angleterre. Sous

ce rapport, notre nation est si sensible qu'il est à craindre qu'elle ne soit, comme Athènes, trop soumise aux inspirations de ses orateurs.

Les mystères de l'opinion et du caractère des peuples échappent à toutes les théories, et ne peuvent être soumis à aucun calcul. Observez ce qui se passe aujourd'hui dans la Chambre des Députés : elle est laissée entièrement à elle-même ; l'influence que les ministres y exercent, se réduit à quelques politesses qui ne changent pas le sort d'un seul député. Eh bien! qu'arrive-t-il? La majorité suit tranquillement sa conscience, louant, blâmant ce qu'elle trouve de bon ou de mauvais. Une chose se fait particulièrement remarquer : toutes les fois qu'il s'est agi d'affaires d'argent les Chambres n'ont pas hésité ; le noble désintéressement de la nation s'est montré dans toute sa franchise : ainsi la liste civile, les dettes du Roi n'ont pas rencontré d'opposition. On auroit pu croire que la loi sur les émigrés alloit échauffer les partis : au grand étonnement de tous, la Chambre a été plus favorable que la loi. Les Français se croient déshonorés quand on les force à s'occuper de leurs intérêts. Admirable générosité qui tient au génie d'une nation particulièrement monar-

chique et guerrière. Admirable nation si fa-
cile à conduire au bien ! Oh, que ceux qui l'ont
égarée ont été coupables !

Mais a-t-on traité d'autres sujets ? Les Chambres se sont divisées selon les principes et les
idées de chacun : l'Opposition ne s'est plus for-
mée de tels et tels individus ; elle a grossi, diminué, grossi encore, sans égard à aucun
parti : on auroit cru qu'il n'y avoit pas de ministres, tant on avoit oublié que c'étoient eux
qui avoient proposé la loi, pour ne s'occuper
que de la loi même. Nous ne connoissons rien
de plus propre à honorer le caractère natio-
nal que la conduite actuelle de nos deux Chambres : on voit qu'elles ne cherchent que le bien
de l'Etat : généreuses sur tout ce qui touche à
l'honneur, attentives à nos droits politiques,
elles ont voté l'argent sans opposition, et défendu la liberté de la presse avec chaleur. C'est
qu'en effet cette dernière question pouvoit
diviser et embarrasser les meilleurs esprits.
Quand on voit, d'un côté, Genève mettre des
entraves à la liberté de la presse, et, de
l'autre, une partie de l'Allemagne et la Bel-
gique proclamer cette liberté, on peut croire
qu'il n'étoit pas si aisé de décider péremp-
toirement.

Nous avons montré, par les faits mêmes, combien il est difficile chez une nation brillante et animée de maîtriser les esprits. Les Français ont toujours été libres au pied du trône : nous avions placé dans nos opinions, l'indépendance que d'autres peuples ont mise dans leurs lois. Cette habitude de liberté dans la pensée fait que nous nous soumettons rarement sans condition aux idées d'autrui : le député qui auroit le plus promis à un ministre de voter dans le sens de ce ministre, au moment de la délibération pourroit bien lui échapper. Avec le caractère français, l'Opposition est plus à craindre que l'influence ministérielle.

CHAPITRE XV.

Suite des Objections des Constitutionnels.

Ordre de la Noblesse.

———

« Qu'est-ce, dit-on, qu'une noblesse qui
» n'est pas celle de la Chambre des Pairs ?
» Qu'est-ce que des anoblissemens, etc. ? »

Ceci tient à la racine des choses : il faut
s'expliquer.

Montesquieu a donné l'honneur pour ame à
la monarchie, et la vertu pour principe à la
république. L'honneur, selon lui, réside surtout dans le corps de la noblesse, partie inté-
grante et nécessaire de toute monarchie qui
n'est pas le despotisme.

Or, dans une monarchie mixte, les corps
constitués tenant à la partie républicaine du
Gouvernement ; l'un (la Chambre des Pairs) à
l'aristocratie ; l'autre (la Chambre des Députés)

à la démocratie, il s'ensuit que les deux corps ont pour base pour esprit et pour but la vertu, c'est-à-dire la liberté, sans laquelle il n'y a point de vertu politique.

Où donc résidera essentiellement le principe de la monarchie ? Dans la couronne ? Sans doute. Mais la couronne ne peut seule le défendre : elle seroit bientôt envahie par le principe républicain, et la constitution seroit détruite. Ainsi il faut en dehors de cette constitution un corps de noblesse, qui soit comme la sauve-garde de la couronne, et l'auxiliaire du principe monarchique.

Maintenant, observons que la noblesse n'est pas composée d'un seul et unique principe : elle en renferme évidemment deux, l'honneur et la vertu ou la liberté. Quand elle agit en corps et par rapport à la monarchie en général, elle est conduite par l'honneur, elle est monarchique : quand elle agit pour elle-même et d'après la nature de sa propre constitution, elle est mue par la liberté ; elle est républicaine, aristocratique.

D'après ces vérités incontestables, voyons ce qui arrivoit à la noblesse dans l'ancienne monarchie, et de quelle manière elle se combinoit avec le corps politique.

La noblesse, sous la première et la seconde race de nos rois, se présentoit toute entière aux assemblées de la nation ; alors les gentils-hommes jouissoient *en corps*, et dans leur intégrité, de tous leurs droits : droits qui tenoient au principe de la liberté par leur partie aristocratique, et au principe de l'honneur par leur côté monarchique.

Sous la troisième race, quand les Etats-Généraux succédèrent aux assemblées de Mars et de Mai, la noblesse se contenta d'envoyer des députés à ces Etats : alors elle ne jouit plus en *corps* de la plénitude de ses droits. La moitié de ces droits, ceux qui tenoient au principe de liberté, les droits républicains ou aristocratiques, furent transmis par elle à ses représentans, tandis qu'elle continuoit de garder *en corps* ses droits monarchiques, c'est-à-dire ceux qui découloient du principe d'honneur. Cela duroit jusqu'à la fin des Etats-Généraux, où la mission des représentans de la noblesse venant à finir, cette noblesse réunissoit de nouveau ses deux principes, et les droits dérivés de ces deux sources.

Eh bien, la seule chose qui, sous le rapport de la noblesse, distingue aujourd'hui notre dernière constitution, c'est que ce qui n'arrivoit

6

que par intervalles sous la vieille monarchie,
est devenue permanent dans la nouvelle.

La noblesse, représentée dans la Chambre
des Pairs, a transmis pour toujours à cette
Chambre son principe de liberté, ses droits
républicains et aristocratiques, tandis qu'elle
reste au - dehors conservatrice du principe
d'honneur, fondement réel de la monarchie.

On voit par là que cette noblesse n'est point
du tout incompatible avec nos nouvelles institutions : qu'elle n'est point en contradiction
avec la nature du gouvernement ; que ce gouvernement n'a pu ni dû la détruire ; qu'il a
seulement divisé les élémens qui la compo-
soient, séparé son double principe ; et que la
noblesse subsiste à la fois dans la Chambre des
Pairs comme pouvoir aristocratique, et hors
de la Chambre des Pairs comme force monarchique.

Elle n'exerce plus ses droits politiques, parce
qu'elle en a remis l'usage à la Chambre des
Pairs, qui la représente sous les rapports républicains ; mais elle exerce tous ses droits d'honneur ; elle appuie de cette force si grande en
France, l'autorité monarchique qui pourroit
être envahie sans ce rempart.

Telle est l'action de ce corps qui vous

paroît inutile, et qui n'est autre, par le fond, que celui de la Chambre des Pairs. Il n'y a point deux noblesses dans l'Etat : il n'y en a qu'une qui se divise en deux branches, et chacune de ces branches a des fonctions distinctes et séparées.

Loin donc de nuire à l'Etat, cette noblesse, toute d'honneur, réduite à son principe le plus pur, est un contre-poids placé hors du centre du mouvement, pour régulariser ce mouvement et maintenir l'équilibre de l'Etat. C'est ensuite un réfuge pour tous les souvenirs, pour toutes les idées qui, ne trouvant pas leur place dans les nouvelles institutions, ne manqueroient pas de les troubler. Les gentilshommes, en maintenant le principe même de la monarchie, seront encore les conservateurs des traditions de l'honneur, les témoins de l'histoire, les hérauts d'armes des temps passés, les gardiens des vieilles chartes et des monumens de la chevalerie. Considérés seulement comme propriétaires, ces hommes distingués par leur éducation deviendront, comme nous le dirons bientôt, une excellente pépinière d'officiers, d'orateurs et d'hommes d'Etat.

Tout ceci n'est point une théorie plus ou moins ingénieuse, imaginée pour expliquer une

6.

constitution qui n'a point eu d'exemple chez les
autres peuples. Il y a aussi, en Angleterre, une
ancienne noblesse, plus fière de descendre des
Bretons, des Saxons, des Danois, des Normands, des Aquitains, que d'occuper un siége
dans la chambre des Pairs. Cette noblesse étoit
autrefois si hautaine, que nul ne pouvoit s'asseoir
à la table d'un baron, s'il n'étoit chevalier.
Aujourd'hui, elle est aussi entêtée de son bla-
son, de ses quartiers, que les patriciens à Rome
étoient orgueilleux de leur naissance et de
leur droit d'images : *Jus imaginum.* Le fief
appartient entièrement à l'aîné, selon la Coutume de Normandie. Il y a des hérauts d'armes
et des rois d'armes qui tiennent registre de tous
les nobles des provinces (1). Cette noblesse
détruit-elle la noblesse politique fondée dans
cette même Chambre des Pairs ? Non, mais elle
sert à augmenter le poids et la dignité de la
couronne. A Athènes même, ne considéroit-on
pas ces familles nobles qui remontoient au temps
des Rois ?

Une fois prouvé qu'un corps de noblesse in-
termédiaire peut et doit exister dans une monarchie mixte, qu'il n'y dérange aucun des ressorts

---

(1) Smith, *de rex. A g'.* La Roque, Traité de la Noblesse.

politiques, on n'a pas besoin de défendre les
anoblissemens. Le Roi d'Angleterre fait aussi
des chevaliers et des baronnets ; il y a une
autre sorte d'anoblissement qui s'acquiert
par la profession des arts libéraux , ou en
vivant d'un revenu libre ; dans ce cas, l'anobli
reçoit les armoiries qu'il choisit, des mains
du héraut d'armes. Ces récompenses du souverain ne détruisent point l'égalité devant la
loi, et sont un moyen d'encourager le mérite
et la vertu.

~~~~~~

CHAPITRE XVI.

Objections des Royalistes contre la Charte.

———

LES royalistes disent : « C'est en invoquant les
» progrès des lumières, avec les mots de liberté
» et d'égalité, que l'on a précipité la France dans
» tous les malheurs ; le nom même de constitu-
» tion est odieux et presque ridicule. On ne trans-
» porte point ainsi chez un peuple le gouver-
» nement d'un autre peuple : les gouverne-
» mens naissent des mœurs, et sont fils du
» temps ; restons Français, et ne soyons pas
» Anglais ; ce qui est bon pour eux, est mau-
» vais pour nous. Nous sommes trop légers
» pour nous occuper sérieusement des soins
» publics, trop faciles à nous enflammer, trop
» enclins aux discours inutiles, trop peu épris
» du bien général, pour avoir des assemblées

» délibérantes. Nous aurons toujours de l'hon-
» neur , fondement de notre monarchie , mais
» nous n'aurons point cet esprit public qui
» tient à un autre principe de gouvernement.
» Notre position continentale même ne nous
» permet pas de pareilles formes politiques.
» Tandis que dans les deux Chambres nous
» délibérerons sur la levée d'une armée, les
» ennemis arriveront à Paris. Si le Roi, au con-
» traire, dispose à son gré des soldats, il
» détruira quand il voudra notre prétendue
» constitution. »

On voit que des deux côtés nous ne dissi-
mulons point les objections, et que nous les
présentons dans toute leur force.

Nous avouerons d'abord que l'on a si étran-
gement abusé de ces mots , *progrès des
lumières, constitution, liberté, égalité*, qu'il
faut du courage aujourd'hui, pour s'en servir
dans un sens raisonnable. Les plus énormes
crimes, les doctrines les plus funestes, ont été
commis, se sont répandues au nom des lumières.
Le ridicule et l'horreur sont venus s'attacher à
ces phrases philosophiques, prodiguées sans
mesure par des libellistes et des assassins. On a
égorgé les blancs pour prouver la nécessité
d'affranchir les noirs; la raison a servi à dé-

trôner Dieu; et le perfectionnement de l'espèce humaine nous a fait descendre au-dessous
de la brute.

Mais, d'un autre côté, n'avons-nous pas
reçu une autre leçon? Pour nous sauver des
systèmes d'une philosophie mal entendue,
nous nous sommes précipités dans les idées
opposées. Qu'en est-il advenu? Qui voudroit,
qui oseroit aujourd'hui vanter le pouvoir
arbitraire? Les excès d'un peuple soulevé
au nom de la liberté sont épouvantables;
mais ils durent peu; et il en reste quelque
chose d'énergique et de généreux. Que reste-
t-il des fureurs de la tyrannie, de cet ordre
dans le mal, de cette sécurité dans la honte,
de cet air de contentement dans la douleur, et
de prospérité dans la misère? La double leçon
de l'anarchie et du despotisme nous enseigne
donc, que c'est dans un sage milieu que nous
devons chercher la gloire et le bonheur de
la France. Prenons-y garde d'ailleurs: si, exas-
pérés par le souvenir de nos maux, nous les
attribuons tous aux lumières, on nous dira
que les dévastations du Nouveau-Monde, les
massacres de l'Irlande et ceux de la Saint-
Barthélemy, ont été causés par la religion; que
si Louis XVI a été traîné à l'échafaud par des

philosophes, Charles Ier y a été conduit par des fanatiques. Cette manière de raisonner de part et d'autre ne vaut donc rien : ce qui est bon reste bon, indépendamment du mauvais usage que les hommes en ont pu faire.

Cette difficulté sur les mots, une fois écartée, venons au fond des objections.

On dit : « Les gouvernemens sont fils des » mœurs et du temps. Restons Français ; ne » transportons point chez nous les institutions » d'un autre peuple, bonnes pour eux, mau- » vaises pour nous. »

Il y a ici grande erreur. Il ne faut pas s'ima- giner du tout que la forme actuelle de notre gouvernement soit une chose absolument nou- velle pour nous ; que de plus elle ait été inventée par les Anglais ; et qu'avant eux personne n'avoit songé qu'il pût exister un gouvernement, par- ticipant des trois pouvoirs monarchique, aris- tocratique et démocratique.

D'abord tous les anciens ont pensé que le meilleur gouvernement possible seroit celui qui réuniroit ces trois pouvoirs. C'étoit l'opi- nion de Pythagore et d'Aristote. « Je conclus » avec Platon, dit Cicéron, que la meilleure » forme de gouvernement est celle qui offre

» l'heureux mélange de la royauté, de l'aris-
» tocratie et de la démocratie (1). » C'étoit
ce qu'avoit fait Lycurgue (2) à Sparte. Ecoutons Polybe : « Le plus parfait de tous les
» gouvernemens ne seroit-il pas celui dont les
» pouvoirs se serviroient de contre-poids, où
» l'autorité du peuple réprimeroit la trop
» grande puissance des rois, et où un sénat
» choisi mettroit un frein à la licence du
» peuple (3)? »

Tacite partageoit cette opinion : il pensoit,
à la vérité, qu'un tel gouvernement étoit si
parfait, qu'il ne pouvoit exister chez les
hommes (4). Mais nous avons fait remarquer
ailleurs qu'il avoit été réservé au christianisme
de réaliser ce beau songe des plus grands génies
de l'antiquité (5) : en effet le gouvernement
représentatif est né des institutions chrétiennes.

Des autorités imposantes ne prouveroient pas
que des peuples doivent renverser leur gouvernement, lorsqu'il est établi, pour en prendre

---

(1) Fragm. Républic. lib. II.
(2) Archytas in Stob.
(3) Polyb. Excerpt. Lib. VI, cap. 8 et 9.
(4) Tac. An. IV, 33.
(5) Gén. du Christ.

un plus parfait; mais quand ces peuples ont changé de constitution au milieu d'une révolution violente, si la nouvelle constitution se trouve être dans les formes regardées comme les plus belles par un Lycurgue, un Aristote, un Platon, un Polybe, un Tacite, cela doit donner de la confiance : on peut croire qu'on ne s'est pas tout à fait trompé.

Montesquieu, après avoir fait un éloge pompeux du gouvernement anglais, prétend qu'on en découvre l'origine chez les Germains peints par Tacite (1), et que ce beau système a été trouvé dans les bois.

S'il en est ainsi, en l'adoptant aujourd'hui, nous ne ferions nous-mêmes, comme les Anglais, que reprendre le gouvernement de nos pères ; mais, soit qu'il vienne des Francs nos aïeux, soit qu'il ait été produit par la religion chrétienne, soit qu'il découle de ces deux sources, il est certain qu'il est conforme à nos mœurs actuelles, qu'il ne les contrarie point, et qu'il n'est point parmi nous une production étrangère.

Dans le moyen âge, toute l'Europe, excepté peut-être l'Italie et une partie de l'Allemagne,

---

(1) Esprit des Lois, liv. IX, chap. 6.

eût à peu près la même constitution : les Cortès en Espagne, les Etats-Généraux en France, les Parlemens en Angleterre, étoient fondés sur le système représentatif. L'Europe, marchant d'un pas égal vers la civilisation, seroit arrivée pour tous les peuples à un résultat semblable, si des causes locales, et des événemens particuliers n'avoient dérangé l'uniformité du mouvement.

La France eut à repousser des invasions; sa noblesse périt presque toute entière aux champs de Crécy, de Poitiers et d'Azincourt. Des armées régulières, établies de bonne heure par nos rois, achevèrent de rendre les gentilshommes inutiles, sinon comme chefs, du moins comme soldats. Les Fiefs, par suite du renversement des fortunes, commencèrent à tomber dans les mains des roturiers. La partie aristocratique de la constitution perdant ses forces, la partie monarchique accrut les siennes. Les Communes, vexées par les bizarreries de la féodalité, cherchèrent à se mettre à l'abri, sous l'autorité royale. L'invariable succession de nos monarques affermissoit chaque jour les racines du trône. Une fois l'équilibre rompu, le gouvernement représentatif cessa de suivre sa direction naturelle. Au lieu de se fixer et de se régulariser comme en Angleterre, il se désunit, et laissa prédominer la Couronne. Les Etats-Généraux, rarement convoqués et toujours dans des momens de troubles, voulurent profiter de ces momens pour ressaisir leurs droits, et commencèrent à ne paroître plus que des corps turbulens et dangereux : sachant qu'ils seroient bientôt dissous, ils se hâtoient de tout envahir, dans l'espoir de conserver quelque chose. Cette conduite acheva de les discréditer. S'ils avoient été appelés à des époques fixes, ils n'auroient pas montré cette jalousie ; et au lieu de ne songer qu'à eux-mêmes, ils se seroient occupés de l'Etat. Tout se resserra donc autour d'un trône éclatant, qu'occupoient tour à tour les meilleurs et les plus grands princes, tandis qu'une autre partie du pouvoir des Etats-Généraux, tomboit entre les mains du Parlement de Paris.

Ce corps puissant s'étoit élevé lentement et en silence : d'abord ambulant, ensuite séden-taire à Paris, il avoit acquis par son intégrité et ses lumières une considération méritée. Dès son origine, il avoit sapé les fondemens de la féo-dalité et circonscrit les jurisdictions seigneu-riales. La Cour des Pairs, laïcs et ecclésias-tiques, qui formoit la Haute-Cour ou le grand

Conseil de Rôi, se réunissoit au Parlement dans les causes importantes, avec les princes du sang et quelquefois avec le Roi même. Cette réunion donna au Parlement quelque chose de la composition des Etats- Généraux. Ceux-ci n'étant convoqués que de loin à loin, le peuple s'habitua à regarder le Parlement comme le corps qui les remplaçoit dans l'intervalle des sessions. Le droit de remontrances fit entrer dans ce corps une partie du droit public relatif à la levée des impôts. Ainsi croissant en renommée par la vertu, la science et la gravité de ses magistrats, par la sagesse de ses décisions, le Parlement se trouva peu à peu investi d'une puissance politique d'autant plus respectable qu'elle étoit jointe à la puissance judiciaire. A l'époque des troubles de la Ligue, placé à la tête d'une faction, il exerça presque toutes les fonctions des Etats-Généraux, et décida des droits d'Henri IV à la couronne. Les Etats-Généraux convoqués sous Louis XIII, n'ayant rien produit, et Richelieu ayant achevé la ruine du pouvoir aristocratique, le Parlement resta seul chargé de défendre le peuple contre la couronne ; et une véritable révolution fut accomplie dans l'Etat. On a pu reprocher aux Parlemens quelques erreurs, mais ces erreurs ne peuvent balancer

les services qu'ils ont rendus à la France : ils l'ont
éclairée dans les temps de ténèbres, défendue
contre la barbarie féodale, et après l'érection
de la monarchie absolue sous Louis XIV, ils
ont été, de fait, les seuls représentans, et
souvent les représentans courageux de nos
libertés.

L'Angleterre partie du même but, arriva à
un autre terme. Ses guerres d'Ecosse n'étoient
rien pour elle, et ne menaçoient point son
existence ; ses guerres de France, soutenues
par des Français, furent heureuses. Rassurée
contre les dangers du dehors, elle put s'occuper au - dedans de son administration politique. Les querelles de ses Rois affoiblirent
la puissance monarchique, et fortifièrent la
partie aristocratique du gouvernement. La
noblesse demeura long-temps souveraine : ce
ne fut que sous le règne d'Henri VII que les
comtés, jusqu'alors héréditaires, se changèrent
en titres de dignité. L'autorité militaire des
gentilshommes ne diminua presque point,
parce qu'on ne fut point obligé d'avoir de
bonne heure, comme en France, des troupes
disciplinées. Le génie d'Alfred, perpétué dans
l'institution des jurés, avoit fait entrer, par
l'ordre judiciaire, les idées démocratiques dans

le principe de l'Etat. Le gouvernement féodal, inconnu des Saxons, introduit en Angleterre par la conquête des Normands, n'y jeta jamais de profondes racines. Plus tard, Edouard III renonça à la langue française, ordonna que les actes publics fussent écrits en anglais, et fit revivre ainsi une partie de l'ancien esprit des Germains.

Le Parlement (autrement les Etats-Généraux) conserva par toutes ces causes, son autorité primitive : souvent assemblé, bientôt il ne fut plus possible au monarque de marcher sans lui. L'orgueil des grands barons anglais fit que le Conseil du Roi, ou la Chambre des Pairs, des Barons, des Lords (ce qui est la même chose sous différens noms), ne se mêla point aux chevaliers ou simples gentilshommes dans les assemblées de la nation. Les Communes appelées par Leicester, sous Henri III, à ces assemblées, se réunirent aux chevaliers après en avoir été séparées quelque temps. Ainsi se formèrent dans le Parlement d'Angleterre deux chambres distinctes, tandis qu'en France, l'égalité des gentilhommes, pauvres ou riches, ne permit point à la noblesse de se diviser en deux corps; et nos Etats-Généraux, délibérant en commun, bien qu'ils votassent par Ordre, se trouvèrent avoir manqué l'établissement de la balance de leurs pouvoirs.

Enfin la révolution religieuse, produite par la violence de Henri VIII, diminua l'influence de l'Ordre du clergé dans la Chambre des Lords. Le pouvoir aristocratique affoibli à son tour par cet événement, vit par ce même événement, s'augmenter le pouvoir démocratique dans la Chambre des Communes. A peu près égales en force, les trois puissances de la monarchie primitive s'attaquèrent et en vinrent à une lutte sanglante, sous les règnes malheureux des Stuart : aucune des trois n'étant parvenue à opprimer les deux autres, la constitution des Anglais sortit de ce terrible et dernier combat.

Ainsi, nous avons eu autrefois le même gouvernement que l'Angleterre; et nous conservons en nous, comme elle les avoit en elle-même, tous les principes de son gouvernement actuel. Voltaire observe très-bien quelque part, que le Parlement d'Angleterre n'est autre chose qu'une imitation perfectionnée de nos Etats-Généraux; et d'Aguesseau dit avec autant de fondement, que l'on retrouve toutes nos lois dans les vieilles lois de la Grande-Bretagne.

Dans des questions de cette importance et

de cette nature, il faut marcher le flambeau de l'histoire à la main : c'est le moyen de se guérir de beaucoup de préventions et de préjugés. Il n'est donc pas question, dans tout ceci, de se faire Anglais ; l'Europe qui penche avec nous vers un système de monarchie modérée, ne se fera pas Anglaise : ce que l'on a, ce que l'on va avoir, est le résultat naturel des anciennes monarchies. L'Angleterre a devancé la marche générale d'un peu plus d'un siècle : voilà tout.

~~~~~~

CHAPITRE XVII.

Suite des Objections. Que nous avons essayé inutilement de diverses constitutions. Que nous ne sommes pas faits pour des Assemblées délibérantes.

———

On se récrie avec une sorte de justice sur la multitude de nos constitutions, mais est-ce une raison pour ne pas en trouver une qui nous convienne? Combien de fois les Anglais en changèrent-ils avant d'arriver à celle qu'ils ont aujourd'hui? Le Rump, le conseil des officiers de Cromwell, les différentes sectes religieuses enfantoient chaque jour des institutions politiques, que l'on se hâtoit de proclamer comme des chefs-d'œuvre : cela a-t-il rendu ridicule leur dernière constitution, et nui à son excellence et à son autorité ?

Nous ne sommes pas faits, ajoute-t-on,

7.

pour des assemblées délibérantes. Mais, n'en avons-nous jamais eu de ces assemblées ? Autre erreur historique, plus frappante encore que la première. Nos pères étoient-ils moins ardens que nous? Ces Francs qu'Anne Comnène vit passer à Constantinople, qui étoient si impétueux, si vaillans, qui ne pouvoient consentir à se tenir découverts devant Alexis; ces Francs irascibles, impatiens, volontaires, n'avoient-ils pas des conseils de baronie, des assemblées de provinces, des Etats-Généraux de la langue d'Oil et de la langue d'Oc ? Lorsque sous Philippe de Valois, s'éleva la querelle entre les jurisdictions seigneuriales et ecclésiastiques, vit-on jamais rien de plus grave que ce qui se passa alors? C'étoient pourtant les deux premiers Ordres de la monarchie, qui dans toute leur puissance, luttoient pour leurs priviléges. La cause fut plaidée devant Philippe: Pierre de Cugnières, chevalier, personnage vénérable, tenant à la fois à la robe et à l'épée, pour mieux convenir aux deux hautes parties contendantes, portoit la parole, en qualité d'avocat-général et de conseiller du Roi. Cette première réclamation du droit civil contre le droit canonique, produisit dans la suite *l'appel comme d'abus*, sauve-garde de la justice: dans le temps des bonnes mœurs, tout fait naître les bonnes lois. On admira dans cette grande affaire, la piété et la justice du Roi, la respectueuse hardiesse de l'orateur de la partie civile, et la dignité du clergé. Ce fut un beau spectacle que celui de ces prélats et de ces chevaliers jurant sur leurs croix et sur leurs épées, de s'en rapporter à l'intégrité du Roi, plaidant la cause de la Religion et de la Noblesse devant un Monarque fils aîné de l'Eglise, et le premier, comme le plus ancien gentilhomme de son royaume.

Quatre ou cinq siècles plus haut, nous trouvons ces mêmes Français délibérant aux assemblées de Mars et de Mai; et, pour que nous n'en puissions douter, le temps nous a transmis leurs décisions, dans le recueil des Capitulaires. Plus haut encore, nous les verrons fixant, par les lois gombettes, allemandes, ripuaires et saliques, le tarif des blessures. Leur terrible justice consistoit alors à imposer leur épée : ils parloient éloquemment sur ce droit public de leur façon. Ils discutoient sur la longueur, la largeur et la profondeur de la plaie : s'ils avoient fait tomber une partie du crâne d'un homme, ils consentoient à payer quelques sous

d'or; plus, si cet homme étoit Franc; moins, s'il étoit Romain ou Gaulois. Mais il falloit que l'os abattu en valût la peine, et que, lancé à travers un espace de douze pas, il fît résonner un bouclier. Enfin, dans les forêts de la Germanie, nous apercevons nos pères délibérant autour d'une épée nue, plantée au milieu du Mallus, ou décidant de la paix et de la guerre la coupe à la main : « Alors que le cœur, dit » Tacite, ne peut feindre, et qu'il est disposé » aux entreprises généreuses. »

Pourquoi donc le peuple qui a toujours parlé et délibéré en public dans les temps de sa barbarie, comme à l'époque de sa civilisation, qui a produit des ministres et des magistrats comme Suger, Nogaret, Pierre de Cugnière, Sully, l'Hôpital, de Thou, Mathieu Molé, Lamoignon, d'Aguesseau; des publicistes comme Bodin et Montesquieu; des orateurs comme Massillon et Bossuet, n'entendroit-il rien aux lois et à l'éloquence ? Enfin n'avons-nous pas déjà vingt-cinq années d'expérience? et n'est-ce rien pour un peuple comme celui-ci, qu'un quart de siècle ? Quelques-uns de nos ministres actuels ont paru à la tribune avec éclat, et connoissent tous les fils qui font

mouvoir les corps politiques. Nos erreurs pas-
sées nous serviront de leçons ; nous en avons
déjà la preuve dans la modération et le bon
esprit des deux Chambres.

———

~~~~~~

CHAPITRE XVIII.

Suite des Objections. Notre position continentale.

––––––

« NOTRE position continentale nous oblige à
avoir une nombreuse armée : si cette armée
dépend des Chambres, nous serons envahis
avant que les Chambres aient délibéré ; si la
Couronne dispose des soldats, la Couronne peut
opprimer les deux Chambres. »

Cette objection, la plus spécieuse de toutes,
se résout, comme celle de l'Opposition, par
la puissance de l'opinion. Croit-on de bonne
foi que si l'ennemi étoit sur la frontière, les
Chambres pussent refuser une armée au Roi ;
que des propriétaires voulussent se laisser
envahir ? Loin de se rendre populaires par ce
refus, elles soulèveroient contre elles la nation.

Chez un peuple si sensible à l'honneur ; si épris de la gloire des armes, la foule passeroit à l'instant dans le parti de la Couronne, et la constitution seroit anéantie. D'ailleurs, une invasion est-elle si subite, si imprévue, que l'on n'en ait pas reçu des avis long-temps d'avance? Est-ce avec une poignée de soldats qu'une nation voisine entreroit en France? N'auroit-elle pas été obligée de rassembler des troupes, de les faire marcher; n'aurions-nous rien su de ses mouvemens et de ses préparatifs?

Toutefois, comme il ne s'agit point d'imiter les Anglais, de se laisser dominer par des systèmes, d'adopter entièrement une constitution sans égard aux habitudes, aux mœurs, à la position d'un peuple, comme si le même vêtement convenoit à tous les hommes, il est évident qu'il faut laisser au pouvoir exécutif en France une bien plus grande force qu'en Angleterre. Le Roi doit être plus libre dans ses mouvemens, parce que la France est plus grande, plus exposée aux combinaisons de la politique extérieure. L'Angleterre n'a rien à craindre pour son existence d'un ennemi étranger; mais en France il peut survenir une guerre qui mette l'Etat en péril. Beaucoup d'intérêts

que l'on soumet à la discussiou publique chez
nos voisins, demandent parmi nous du secret,
et ne pourroit être débattus sans danger dans
nos deux Chambres. En France, il est essentiel
de regarder toujours à deux choses : au gouvernement du dedans et aux affaires du dehors.
Tandis qu'on se livreroit à des abstractions
politiques, et qu'on auroit l'œil fixé sur les
astres, on pourroit tomber dans un abîme. Pour
prévenir ce malheur, il faut que le trône placé
comme un bouclier devant nous, nous garan-
tisse de tous les coups qu'on voudroit nous
porter : il faut qu'il soit en avant-garde de la
nation ; qu'environné d'éclat et de dignité, il
en impose par sa puissance et par sa splendeur.
L'autorité du Roi doit être dégagée de beaucoup d'entraves, pour agir avec vigueur et
rapidité ; elle doit avoir, dans certains cas,
quelque chose de la dictature à Rome ; et c'est
surtout dans ce moment que nous devons tendre
à augmenter le pouvoir monarchique, à l'in-
vestir de toute la force nécessaire au salut de
l'Etat. Notre monarchie, toute libre au dedans,
doit rester toute militaire au dehors. En Angleterre, l'armée est presque une affaire de luxe ;
en France, c'est une chose de première nécessité. C'est par cette raison que le militaire et la

noblesse auront toujours dans notre France une
toute autre considération que celle dont ils
jouissent en Angleterre. Chez nos voisins, un
riche brasseur de bierre, un manufacturier opu-
lent, peuvent paroître à la patrie aussi impor-
tans, aussi dignes des places et des honneurs qu'un
capitaine, parce qu'en effet ils sont autant, et plus
que lui, nécessaires à la prospérité commune ;
mais en France, le soldat qui nous met à l'abri
de la conquête, qui nous garantit du joug
étranger, est un homme qui non-seulement
exerce la profession la plus noble, mais qui
suit encore la carrière la plus utile à l'Etat. De
là doivent naître des différences essentielles
dans l'opinion des deux pays, et conséquem-
ment des différences considérables dans les institutions politiques. L'air bourgeois ne convient
point à notre liberté ; et les Français ne la sui-
vront qu'autant qu'elle saura cacher son bonnet
sous un casque.

Mais ceci nous ramène à la seconde partie
de l'objection. Si vous donnez, dit-on, au Roi
une pareille force, il détruira la liberté et
opprimera les deux Chambres.

Ce seroit sans doute un grand malheur, si
notre nouveau gouvernement plaçoit conti-
nuellement la France entre la servitude et la

conquête; mais il n'en est pas ainsi. Le Roi peut être absolu pour les affaires du dehors, sans être oppresseur au dedans. L'opinion publique vient encore ici à notre secours. Dans l'état actuel des choses, on ne pourroit faire impunément violence aux députés : à l'instant l'impôt seroit suspendu; il faudroit pour le lever autant d'armées que de villages, autant de régimens que de provinces. Nous n'attribuons rien de trop ici à l'opinion. Elle est si puissante que Montesquieu n'a pas craint d'en faire le seule principe de la monarchie : la liberté est un principe, un fait; mais l'honneur n'est que la plus belle des opinions. Il a eu raison Montesquieu; et l'opinion a toujours tout fait en France. Nous en avons une preuve aussi noble qu'éclatante : tout esclave en mettant le pied sur le sol français, est libre. Est-ce en vertu d'une loi positive? Non : c'est en vertu de l'opinion; et cette opinion, transformée en coutume, a force de loi devant les tribunaux.

Sous l'ancienne monarchie, l'opinion tenoit pour ainsi dire lieu de Charte. Un couplet, une plaisanterie, une remontrance, arrêtoient, comme par enchantement, les entreprises du pouvoir. Tout devenoit un frein contre l'autorité absolue, jusqu'à la politesse de nos mœurs.

Pourquoi donc cette opinion, si puissante autrefois, auroit-elle perdu sa force ? Pourquoi
ne seroit-elle plus rien , précisément parce
qu'elle peut s'exprimer avec plus de liberté ?
Mais il n'en est pas ainsi : nous voyons tous les
jours qu'un article de gazette fait nos craintes
et nos espérances.

Il est aisé, dira-t-on, de se tirer d'affaires en
répondant par des dénégations ; en disant :
« Cela n'arrivera pas », en se jetant dans de
grands raisonnemens sur l'opinion. Comme
l'avenir n'est pas là pour vous démentir, on
peut sortir ainsi d'embarras, mais on ne fait
pas naître la conviction. »

Nous comprendrions cette réplique, si elle
nous étoit faite par d'autres que par ceux qui
pourroient nous l'adresser : car, que disent ces
personnes quand on attaque l'ancien ordre de
choses ; quand on leur soutient par exemple,
qu'aucun homme n'étoit à l'abri d'un coup
d'Etat, de la violence d'un ministre ? Elles ré-
pondent que cela n'arrivoit pas, et que l'opinion s'opposoit à ces actes arbitraires du pouvoir. Elles ont raison de répondre ainsi, et leur
réponse est fort bonne ; mais alors elles doivent
trouver juste qu'on oppose à leur attaque
les mêmes armes ; et qu'on se couvre du

même bouclier. Remarquez qu'il ne seroit pas question, dans le cas qu'on nous propose, d'un fait obscur, d'une persécution individuelle et presque ignorée : il ne s'agiroit rien moins que des deux Chambres refusant une armée au Roi, ou du Roi faisant marcher des soldats contre les deux Chambres. Certes, si l'opinion peut avoir une influence prononcée, c'est dans un moment pareil.

Au reste, il y a des choses qui ne peuvent être appuyées de démonstrations mathématiques, et qui n'en restent pas moins prouvées. Tout n'est pas positif dans la science du gouvernement : le système des finances en Angleterre ne repose-t-il pas sur une fiction? Il y a des mystères de politique, comme il y a des mystères de Religion : le jeu des constitutions, leur marche, leur influence, sont d'une nature inexplicable. Combinés avec les mœurs, les passions et les événemens, les corps politiques, attirés, repoussés, balancés, combattus, produisent des effets que toute la sagacité humaine ne peut calculer. Ce vague, cette incertitude, ces grandes choses qui ne produisent rien, ces petites causes d'où sortent tant de grands résultats, ces illusions, cette puissance de l'opinion si souvent trompeuse se retrouvent dans tout ce qui touche aux gouvernemens, daus tout ce qui prend place dans l'histoire. Par exemple, n'est-on pas toujours tenté de supposer des talens supérieurs, à l'homme qui joue un rôle extraordinaire? Souvent cet homme est moins que rien. La gloire a ses méprises comme la vertu. Il y a des temps surtout où la fortune célèbre ses fêtes, espèces de Saturnales où l'esclave s'assied sur le trône du Roi. Quand on vient à regarder de près les hommes qui conduisent le monde dans ces temps de délire, on demeure plus étonné de leur néant, qu'on n'étoit surpris de leur existence; on est frappé du peu de talent qu'il faut pour décider du sort des empires; et l'on reconnoît qu'il y a dans les affaires humaines quelque chose de fatal et de secret, qu'on ne sauroit expliquer.

CHAPITRE XIX.

S'il seroit possible de rétablir l'ancienne forme de gouvernement.

E NFIN, quand les objections contre le nouvel ordre de choses, seroient aussi fortes qu'elles nous semblent peu solides, voici qui répond à tout : on ne peut pas faire que ce qui est ne soit pas, et que ce qui n'est pas existe. Le Roi nous a donné une Charte : notre devoir est donc de la soutenir et de la respecter. Il y a d'ailleurs aujourd'hui une opinion générale qui domine toutes les opinions particulières : c'est l'opinion *européenne;* opinion qui oblige un peuple de suivre les autres peuples. Quand de toutes parts tout s'avance vers un but commun, il faut, bon gré mal gré, se laisser aller au cours du temps.

Avant la découverte de l'imprimerie, lorsque l'Europe étoit sans chemins, sans postes, pres-

que sans communications; lorsqu'il étoit difficile
et dangereux d'aller de Paris à Orléans, parce
que le seigneur de Montlhéry, un Montmorency
faisoit la guerre au Roi de France , ce qui se
passoit dans un pays, pouvoit rester long-temps
ignoré dans un autre. Mais aujourd'hui qu'une
nouvelle arrive en quinze jours de Pétersbourg
à Paris; que l'on reçoit en quelques minutes
aux Tuileries une dépêche de Strasbourg et
même de Milan; que toutes les nations se connoissent, se sont mêlées, savent mutuellement
leur langue, leur histoire; que l'imprimerie
est devenue une tribune toujours ouverte , où
chacun peut monter et faire entendre sa voix,
il n'est aucun moyen de s'isoler, et d'échapper
à la marche européenne.

Les hommes ont mis en commun un certain nombre de connoissances, que vous ne
pouvez plus leur retirer. Le Roi l'a jugé ainsi ,
parce qu'il est profondément éclairé, et il nous
a donné la Charte. Est-ce donc parce que nous
manquions autrefois d'une constitution ? Non
sans doute. Eh, pourquoi n'aurions-nous pas eu de
constitution? Parce qu'elle n'étoit pas écrite! La
constitution de Rome et celle d'Athènes l'étoient-
elles? Seroit-il même exactement vrai de dire que
celle dont l'Angleterre jouit actuellement est une

constitution écrite ? Certes il seroit fort extraordinaire que la France eût existé comme nation
pendant douze cents ans, sans gouvernement et
sans lois. L'ancienne constitution de la monarchie étoit excellente pour le temps : Machiavel
qui s'y connoissoit, en fait l'éloge. Rien n'étoit
plus parfait que la balance des trois Ordres de
l'Etat, tant que cette balance ne fut point rompue. Rien de plus admirable et de plus complet
que les ordonnances des Rois de France : là
se trouvent consacrés tous les principes de nos
libertés. Il n'y a peut-être pas un seul cas d'op-
pression qui n'y soit prévu, et auquel nos monarques n'aient essayé d'apporter remède. Il
est bien remarquable que les anciens troubles
de la France aient eu pour cause des guerres
étrangères et des opinions religieuses, et que
jamais ces troubles n'aient été produits par
l'ordre politique.

Les hommes, dans l'ancienne France, étoient
classés, moins par les divisions politiques, que
par la nature de leurs devoirs : ainsi le premier
ordre de l'Etat étoit celui qui prioit Dieu pour
le salut de la patrie, et qui soulageoit les malheureux. Cette fonction étoit regardée comme
la plus sublime : et elle l'étoit en effet. Le
guerrier suivoit le prêtre, parce que l'homme

qui verse son sang pour la défense de la
patrie, et dont le métier est de mourir, est
un homme plus noble que celui qui s'est
consacré à des travaux mécaniques. Remarquez qu'au temps de la féodalité, les vassaux
allant à la guerre, il en résultoit que le labou-
reur étoit soldat : aussi, dans nos opinions,
l'épée et le soc de la charrue étoient nobles ; et
le gentilhomme ne dérogeoit point en labou-
rant le champ de son père. Les Communes
venoient ensuite, et s'occupoient des arts utiles
à la société. On ne sauroit croire à combien de
vertus cette division étoit favorable dans l'ordre des devoirs, à quels sacrifices elle condam-
noit le prêtre, à quelle générosité, à quelle
délicatesse dans les sentimens elle forçoit le
gentilhomme ; tandis qu'elle entretenoit, dans
la classe la plus nombreuse, la fidélité, la probité, le respect des lois et des mœurs. C'est ce
qui a fait, n'en doutons point, la longue existence de l'ancienne monarchie. Le gouvernement s'appuyoit plus sur la morale que sur la
politique ; et cette base est bien autrement solide. Aussi vit-on sortir de cet ordre de choses
des Rois d'une majesté naïve, des pontifes qui
mêloient l'honneur chevaleresque aux vertus
de la tiare, des chevaliers qui joignoient la

8.

candeur du prêtre à l'héroïsme du guerrier,
des magistrats simples et incorruptibles, et qui
seuls représentoient la gravité chez une nation
brillante et légère.

Malheureusement ce bel édifice est écroulé.
Il ne s'agit pas de savoir s'il étoit plus solide et plus parfait que celui qu'on vient d'élever; si l'ancien gouvernement, fondé sur la
religion comme les gouvernemens antiques,
produit lentement par nos mœurs, notre caractère, notre sol, notre climat, éprouvé par les
siècles, n'étoit pas plus en harmonie avec le génie
de la nation, plus propre à faire naître des grands
hommes et des vertus que le gouvernement
qui le remplace aujourd'hui. Il n'est pas question d'examiner encore si ce qu'on appelle le
progrès des lumières, est un progrès réel ou
une marche rétrograde de l'esprit humain, un
retour vers la barbarie, une véritable corruption de la religion, de la politique, de la morale et du goût. Tout cela peut se soutenir; et
ceux qui prendroient en main cette cause, ne
manqueroient pas de raisons puissantes, et surtout de sentimens pathétiques, pour justifier leur
opinion. Mais il faut, dans la vie, partir du
point où l'on est arrivé. Un fait est un fait. Que le
gouvernement détruit fût excellent ou mauvais,

il est détruit; que l'on ait avancé, que l'on ait reculé, il est certain que les hommes ne sont plus dans la place où ils se trouvoient il y a cent ans, bien moins encore où ils étoient il y a trois siècles. Il faut les prendre tels qu'ils sont, et ne pas toujours les voir tels qu'ils ne sont pas et tels qu'ils ne peuvent plus être : un enfant n'est pas un homme fait, un homme fait n'est pas un vieillard.

Quand nous voudrions tous que les choses fussent arrangées autrement qu'elles le sont, elles ne pourroient l'être. Déplorons à jamais la chute de l'ancien gouvernement, de cet admirable système dont la durée seule fait l'éloge; mais enfin notre admiration, nos pleurs, nos regrets, ne nous rendront pas Duguesclin, La Hire et Dunois. La vieille monarchie ne vit plus pour nous que dans l'histoire, comme l'oriflamme que l'on voyoit encore toute poudreuse dans le trésor de Saint-Denis, sous Henri IV : le brave Crillon pouvoit toucher avec attendrissement et respect ce témoin de notre ancienne valeur; mais il servoit sous la Cornette blanche triomphante aux plaines d'Ivry, et il ne demandoit point qu'on allât prendre au milieu des tombeaux, l'étendard des champs de Bouvines.

Nous avons montré ailleurs (1), que les élémens de l'ancienne monarchie ont été dispersés
par le temps et par nos malheurs : l'esprit du
siècle a pénétré de toutes parts ; il est entré
dans les têtes et jusque dans les cœurs de ceux
qui s'en croient le moins entachés.

Il y a plus ; si ceux qui pensent, sans y
avoir bien réfléchi, qu'il est possible de rétablir
l'ancien gouvernement, obtenoient la permis-
sion de tenter cet ouvrage, nous les verrions
bientôt, perdus dans un chaos inextricable,
renoncer à leur entreprise. D'abord pas un
d'entre eux ne voudroit remettre les choses
absolument telles qu'elles étoient : autant de
provinces, autant d'avis, de prétentions, de systèmes ; on voudroit détruire ceci, conserver
cela : chacun iroit à main armée demander à
son voisin compte de sa propriété.

Se représente-t on ce que deviendroit la
France le jour où l'on remettroit en vigueur les
ordonnances relatives aux preuves de noblesse
exigées des officiers de l'armée? Supposons encore que le Roi régnant seul, et ayant toujours à

_____

(1) *De l'Etat de la France au mois de Mars et au mois
d'Octobre de cette année.*

payer dix-sept cent millions de dettes, sans
compter les dépenses courantes, eût dit à son ministre des finances de lui présenter un plan ; que
le ministre eût formé son plan tel que nou
l'avons vu ; que, sans pouvoir expliquer ses
raisons, sans pouvoir entrer dans la discussion
publique de ses moyens, le ministre, muni
d'un arrêt du Conseil, eût voulu mettre ce
plan à exécution : nous demandons encore ce
que seroit devenue la France ? Le Parlement
de Paris, forcé à l'enregistrement, n'auroit-il
fait aucune remontrance ? Les Parlemens de
provinces n'auroient-ils point élevé la voix ?
Les pays d'États n'auroient-ils point réclamé ?
La noblesse et le clergé n'auroient-ils point fait
valoir leurs priviléges ? Les peuples, toujours
disposés à refuser l'impôt, émus par toutes ces
oppositions, ne se seroient-ils point révoltés ?
Une pareille résistance, au moment où un
levain de discorde fermentoit encore parmi
nous, nous auroit, n'en doutons point, précipités dans une nouvelle révolution. Eh bien,
grâce à la Charte, le budget discuté dans les
deux Chambres, a semblé nécessaire par le
fait, ingénieux dans ses ressources : il a passé
paisiblement ; et le peuple, satisfait d'avoir
été consulté dans ses représentans, s'est soumis

à des impôts qui jadis l'auroient soulevé d'un bout à l'autre de la France.

Mais il y a dans le nouvel ordre de choses des personnes qui vous déplaisent, qui vous semblent odieuses. Eh bien, elles passeront, la France restera. Les esprits, après une révolution, sont lents à se calmer. On se rappelle d'avoir vu tel homme dans telle circonstance : on ne peut se persuader que cet homme soit devenu un bon citoyen, qu'il puisse être employé utilement. C'est un mal inévitable ; mais ce mal ne doit pas faire renoncer au bien de la patrie. En 1605 Henri IV partoit pour le Limousin ; il y avoit déjà seize années qu'il étoit monté sur le trône, et pourtant Malherbe lui disoit :

Un malheur inconnu glisse parmi les hommes,
Qui les rend ennemis du repos où nous sommes :
La plupart de leurs vœux tendent au changement ;
Et comme s'ils vivoient des misères publiques,
Pour les renouveler ils font tant de pratiques,
Que qui n'a point de peur n'a point de jugement.

Nous voyons les esprits nés à la tyrannie,
Ennuyés de couvrir leur cruelle manie,
Tourner tous leurs conseils à notre affliction ;
Et lisons clairement dedans leur conscience
Que s'ils tiennent la bride à leur impatience
Nous n'en sommes tenus qu'à sa protection (*d'Henri IV*).

Qu'il vive donc, Seigneur, et qu'il nous fasse vivre !

Ainsi les factions de la Ligue vivoient encore : leurs affreuses mains applaudirent cinq ans plus tard au parricide de Ravaillac.

Après la restauration de Charles II en Angleterre, les esprits restèrent agités. Le premier moment de joie une fois passé, les hommes qui avoient suivi des principes opposés dans le cours de la révolution, continuèrent à se haïr. Les Whigs et les Torrys descendirent de ces factions. Il y avoit même quelques furieux qui regardoient les régicides condamnés, comme des martyrs de la *bonne vieille cause*, « of the old good cause. » Ils prétendoient qu'à leur mort Harrison, Cook et Peter avoient été très-certainement *revêtus du Seigneur*, « cloathed with the Lord. » Ils n'étoient couverts que du sang de leur Roi.

Concluons de tout ceci que ceux qui regrettent l'ancien gouvernement doivent s'attacher au nouveau, parce qu'il est très-bon en soi, parce qu'il est le résultat obligé des mœurs du siècle, parce qu'enfin la fatale nécessité a détruit l'autre, et qu'on ne se soustrait point à la nécessité.

~~~~~~

CHAPITRE XX.

Que le nouveau Gouvernement est dans les intérêts de tous.
Ses avantages pour les hommes d'autrefois.

———

IL nous en a coûté beaucoup pour démontrer
à des hommes dignes de tous les respects, qu'ils
ne peuvent pas obtenir ce qu'ils desirent. Nous
regrettons peut-être autant et plus qu'eux ce qui
a cessé d'exister; mais enfin nous ne pouvons pas
faire que le dix-neuvième siècle soit le seizième,
le quinzième, le quatorzième. Tout change, tout
se détruit, tout passe. On doit, pour bien servir
sa patrie, se soumettre aux révolutions que les
siècles amènent; et, pour être l'homme de
son pays, il faut être l'homme de son temps.
Eh ! qu'est-ce qu'un homme de son temps? C'est
un homme qui, mettant à l'écart ses propres
opinions, préfère à tout le bonheur de sa patrie;

un homme qui n'adopte aucun système, n'é-
coute aucun préjugé, ne cherche point l'im-
possible, et tâche de tirer le meilleur parti des
élémens qu'il trouve sous sa main ; un homme
qui, sans s'irriter contre l'espèce humaine,
pense qu'il faut beaucoup donner aux circonstances, et que, dans la société, il y a encore
plus de foiblesses que de crimes : enfin, c'est
un homme éminemment raisonnnable, éclairé
par l'esprit, modéré par le caractère, qui
croit, comme Solon, que, dans les temps de
corruption et de lumière, il ne faut pas vouloir
plier les mœurs au gouvernement, mais former
le gouvernement pour les mœurs.

Notre Charte constitutionnelle a précisément
ce dernier caractère ; il nous reste à montrer
qu'elle est également favorable aux intérêts
des sujets et du monarque.

Nous dirons à la noblesse : De quoi pouvez-
vous vous plaindre ? La Charte vous garantit
tout ce qu'il y avoit d'essentiel dans votre
ancienne existence Si elle n'a pu faire que
vous jouissiez de quelques droits, depuis
long-temps détruits dans l'opinion avant de
l'être par les événemens, elle vous assure
d'autres avantages. Vous occupiez les places
d'officiers dans l'armée : eh bien, vous
pouvez encore les remplir. Seulement, vous

les partagerez avec les Français qui ont reçu
une éducation honorable. On ne vous fait en
cela aucune injustice : il en étoit ainsi autrefois dans la monarchie. Aux yeux de nos Rois,
le premier titre d'un guerrier étoit la valeur.
« Pour être faits chevaliers, dit du Tillet, ils
» ont toujours choisi le chevalier le plus
» renommé en prouesse et chevalerie, et non
» celui qui est du plus haut lignage, n'ayant
» égard qu'à la seule vaillance (1). »

Autrefois, quels étoient l'espoir et l'ambition d'un gentilhomme ? De devenir capitaine après quarante années de service, de
se retirer sur ses vieux jours avec la croix de
Saint-Louis, et une pension de six cents francs.
Aujourd'hui, s'il suit la carrière militaire, un
avancement rapide le portera aux premiers
rangs. A moins d'une étrange faveur ou d'une
action extraordinaire, un cadet de Gascogne
ou de Bretagne seroit-il jamais devenu, sous
l'ancien régime, colonel, général, maréchal
de France ? Si, réunissant toute sa petite fortune, il faisoit un effort pour venir solliciter quelqu'emploi à Paris, pouvoit-il aller à la cour ?
Pour jouir de la vue de ce Roi qu'il défendoit

----

(1) Recueil des R. de F.

avec son épée, ne lui falloit-il pas être pré-
senté, avoir monté dans les carosses? Quel rôle
jouoit-il dans les antichambres des ministres ?
Qu'étoit-ce, en un mot, aux yeux d'un monde
ingrat et frivole, qu'un pauvre gentilhomme de
province? Souventd'une noblesse plus ancienne
que celle des courtisans qui occupoient sa place
au Louvre, il ne recevoit de ces enfans de la
faveur que des refus et des mépris. Ce brave
représentant de l'honneur et de la force de la
monarchie, n'étoit qu'un objet de ridicule par
sa simplicité, son habit et son langage : on ou-
blioit qu'Henri IV parloit gascon, et que son
pourpoint étoit percé au coude.

Le temps de ces dédains est passé : dans les
provinces, vous, gentilshommes, vous jouirez
de la considération attachée à votre famille; à
Paris, vous entrerez partout. en entrant dans
le palais de vos Rois. Une carrière immense
et nouvelle s'ouvre pour vous, auprès de cette
ancienne carrière militaire qui ne vous est point
fermée. Vous pouvez être élus membres de la
Chambre des Députés : redoutables à ces ministres qui vous repoussoient autrefois, vous
serez courtisés par eux. Devenus pairs du
royaume, appelés peut-être au timon de l'Etat,
nouveaux chefs de votre antique famille, et

patrons de votre province, ce sort éclatant sera
l'ouvrage de vos propres mains. Qu'est-ce que
l'ancien gouvernement pouvoit vous offrir de
comparable? Cela n'est-il pas un peu plus beau
que de mourir capitaine d'infanterie à soixante
ans? Nous ne vous entretenons ici que de vos
intérêts matériels; nous ne vous parlons pas de
cette gloire, partage certain de celui qui con-
sacre ses jours à défendre le Roi, à protéger le
peuple, à éclairer la patrie, de celui qui soutient avec les autels de la religion, les droits
de la raison universelle, et qui combat pour
les principes de cette liberté sage, sans laquelle,
après tout, il n'y a rien de digne et de noble
dans la vie humaine.

Burnet, réfléchissant sur la révolution qui a
donné à l'Angleterre cette constitution tant
admirée, observe que, de son temps, les gentilshommes anglais avoient de la peine à s'y
soumettre, *trouvant mauvais que le Roi ne fût
pas assez Roi* (1). Eh bien, ces gentilshommes,
qui se plaignoient alors, sont les ancêtres des
Pitt, des Fox, des Burke, des Nelson, des
Wellington ; leur Roi est devenu un des plus
puissans Rois de la terre ; leur pays s'est élevé

_____

(1) Réflex. sur les Mém. hist. de la Grande-Bretagne, p. 54.

au plus haut degré de prospérité, sous une constitution qui répugnoit d'abord à leur raison, à leurs mœurs, à leurs souvenirs.

Qui pourroit donc s'opposer, parmi nous, à la généreuse alliance de la liberté et de l'honneur? Ces deux principes ne sont-ils pas, comme nous l'avons prouvé, ceux qui constituent essentiellement la noblesse? Pourquoi un gentilhomme n'obtiendroit-il pas, dans l'ordre nouveau de la monarchie, toute la considération dont il jouissoit dans l'ordre ancien? La constitution, loin de lui rien ravir, lui rend cette importance aristocratique qu'il avoit perdue, et dont les ministres du pouvoir, tantôt par ruse, tantôt par force, avoient mis tous leurs soins à le dépouiller. Excepté dans les cas si rares de l'assemblée des Etats - Généraux, quelle part la noblesse avoit-elle aux opérations du gouvernement? N'étoit-ce pas le Parlement de Paris qui exerçoit les droits politiques? Il étoit pourtant assez dur, pour l'antique corps de la noblesse, de n'influer en rien dans la chose publique, de voir l'Etat marcher à sa ruine, sans être même appelé à donner son opinion (1). Quelques droits féodaux,

_____

(1) La noblesse n'exerçoit de droits politiques que dans les pays d'Etats.

tombés en désuétude, valent-ils les droits politiques qui sont rendus aux gentilshommes? Ces
droits conservés par la Chambre des Pairs, tandis qu'ils peuvent encore (eux gentilshommes)
entrer dans la Chambre des Députés, sont des
biens qui compensent pour la noblesse les
petits avantages de l'ancien régime : nous
voulons dire de l'ancien régime, tel qu'il
étoit tout affoibli et tout dénaturé à l'époque
de la révolution. Rien n'empêche, après
tout, un gentilhomme d'être citoyen, comme
Scipion, et chevalier, comme Bayard : l'esclavage n'est point le caractère de la noblesse.
Dans tous les temps, en mourant avec joie
pour ses princes, elle a défendu respec-
tueusement, mais avec fermeté, ses droits
contre les prérogatives de la couronne. Elle
redevient aujourd'hui une barrière entre le
peuple et le trône, comme elle l'étoit autrefois.
Lorsque Charles Ier leva l'étendard de la guerre
civile, la noblesse anglaise courut se ranger autour de son Roi ; mais, avant de combattre pour
lui, elle lui declara : Qu'en le défendant contre
les rebelles, elle ne prétendoit point servir à
opprimer la liberté des peuples ; et que si l'on
vouloit employer ses armes à un pareil usage,
elle seroit obligée de se retirer. Ce généreux

esprit anime également la noblesse française :
nos chevaliers sont les défenseurs du pauvre
et de l'orphelin. « Eh ! Dieu, disoit Bertrand
» Duguesclin à Charles V, faites venir avant les
» chaperons fourrés, c'est à savoir, prélats et
» avocats qui mangent les gens. A tels gens,
» doit-on faire ouvrir les coffres, et non pas à
» pauvres gens qui ne font que languir. Je vois
» aujourd'hui advenir le contraire : car celui
» qui n'a qu'un peu, on lui veut tollir, et celui
» qui a du pain, on lui en offre. »

Peut-être direz-vous que, dépouillés de
certains hommages qu'on vous rendoit, et qui
vous distinguoient, vous avez perdu le caractère extérieur de la noblesse. Mais à différentes époques et dans diverses assemblées des
Etats-Généraux, les gentilshommes avoient
renoncé à d'importantes prérogatives. Ils
avoient consenti à la répartition égale des
impôts. Si donc les derniers Etats-Généraux se
fussent séparés sans que la révolution eût eu
lieu, la noblesse privée de ses priviléges par
l'abandon volontaire qu'elle en avoit fait, se
fût-elle pour cela regardée comme anéantie ?
Non sans doute : appliquez ce raisonnement à
l'état actuel. Toutefois il nous paroîtroit nécessaire qu'à l'avenir on accordât à la noblesse ;

comme aux chevaliers romains, quelques uns
de ces honneurs qui annoncent son rang aux
yeux du peuple ; sans quoi, les degrés constitutionnels de la monarchie ne seroient point mar-
qués, et nous aurions l'air d'être soumis au ni-
veau du despotisme oriental. Il faut surtout que
les Pairs jouissent des plus grands priviléges,
qu'ils aient des places désignées dans les fêtes
publiques, qu'on leur rende des honneurs dans
les provinces ; qu'en un mot, on reconnoisse
tout de suite en eux les premiers hommes de
l'Etat.

Au reste, comme nous ne voulons rien dire
qui ne soit fondé en raison et de la plus stricte
vérité, nous ne prétendons pas que tous les
avantages dont nous avons parlé dans ce cha-
pitre, puissent être recueillis immédiatement.
La carrière militaire, par exemple, sera quelque temps fermée à cause du grand nombre
d'officiers demeurés sans emploi, et qui doivent
être préférés. Mais quelqu'eût été le gouvernement établi par la restauration, cet incon-
vénient auroit toujours existé. La renaissance
de l'ancienne monarchie n'auroit pu ni diminuer le nombre ni effacer les droits de tant de
Français qui ont versé leur sang pour la patrie. Ainsi, la Charte n'entre pour rien dans cet

embarras du moment. D'ailleurs, comme nous
l'avons fait observer en parlant de l'émigration, un très-grand nombre de gentilshommes
sont déjà placés dans l'armée. Enfin, ce n'est
pas toujours pour soi qu'on bâtit dans cette
vie. N'avons-nous pas attendu vingt ans un
Roi que le ciel nous a rendu? Eh bien, nos
enfans seront encore plus heureux que nous :
nous plantons l'arbre, ils en auront les fruits !
Ne renfermons pas toujours nos intérêts dans
le cercle étroit de notre vie. C'est aux peuples
que sont permis *le long espoir et les vastes
pensées.*

Quant à la haute noblesse dont nous n'avons
point parlé à propos de la Charte, elle y trouve
si évidemment son avantage, qu'il seroit super-
flu de s'attacher à le montrer. Comme c'étoit
elle surtout, qui avoit le plus perdu dans la
destruction du pouvoir aristocratique de la
France, c'est elle aussi qui gagne le plus à
l'ordre de choses qui rétablit ce pouvoir. Les
hommes qui portent ces noms historiques
auxquels la gloire a depuis long temps accou-
tumé notre oreille, rentrent dans la possession
de leurs droits : c'est un sort assez remarquable
de servir à fonder la nouvelle monarchie dans
la Chambre des Pairs de Louis XVIII, après

avoir formé la base de l'ancienne monarchie dans la Cour des Pairs de Hugues Capet.

Ainsi la Charte qui rend aux gentilshommes leur ancienne part au gouvernement, et qui les rapproche en même-temps du peuple pour le protéger et le défendre, ne fait que les rappeler au premier esprit de leur Ordre. Les plus hautes et les plus brillantes destinées s'ouvrent devant eux : il leur suffit, pour y atteindre, de bien se pénétrer de leur position, sans regarder en arrière, et sans lutter vainement contre le torrent du siècle.

~~~~~~

CHAPITRE XXI.

Que la classe la plus nombreuse des Français doit être satisfaite
de la Charte.

———

Ceci n'a plus besoin d'être prouvé. Tout ce
que nous avons dit le démontre suffisamment :
la Charte nous fait jouir enfin de cette liberté
que nous avons achetée au prix du plus pur
sang de la France. Elle donne un but à nos
efforts ; elle ne rend pas vains tant de malheurs et
tant de gloire ; en investissant l'homme de sa dignité, elle ennoblit nos erreurs. Chacun peut se
justifier à ses propres yeux, chacun peut se dire :
« Voilà ce que j'avois désiré. Les droits naturels
» sont reconnus ; tous les Français appelés aux
» emplois civils, aux grades militaires, à la
» tribune des deux Chambres, peuvent égale-

» ment s'illustrer au service de la patrie. »

Ce n'est point une espérance, c'est un fait.
Et tel homme qui peut se dire aujourd'hui :
« je suis Pair de France sous le Roi légitime, »
doit trouver que la Charte est une assez belle
chose, et qu'il est un peu différent d'être Pair
sous Louis XVIII, ou d'être sénateur sous
Buonaparte.

Qu'auroient pu attendre les vrais républicains dans l'ordre politique que la restauration a détruit? L'égale admission aux places,
aux honneurs ? Ils en jouisrent sous le Roi
légitime, ils n'en auroient jamais joui sous
l'étranger. Déjà les distinctions les plus outra-
geantes étoient établies. Il étoit plus difficile
d'approcher le dernier subalterne du Palais.
que de pénétrer aujourd'hui jusqu'à la personne du Monarque. Ceux qui ont voulu sin-
cèrement la liberté, doivent bénir la Charte.
Pouvoient-ils raisonnablement espérer un résultat aussi heureux de leurs efforts et de nos
discordes? Quel seroit l'homme assez insensé
pour rêver la république après l'experience?
L'étendue de la France, le génie de la nation,
mille souvenirs odieux ne s'opposent-ils pas
d'une manière invincible à cette forme de
gouvernement? Quiconque trouveroit qu'il est

esclave avec la représentation des deux Chambres, qu'il est esclave avec le droit de pétition,
avec l'abolition de la confiscation, avec la sûreté des propriétés, l'indépendance personnelle,
la garantie contre les coups d'Etat, prouveroit
qu'il n'a jamais été de bonne foi dans ses opinions, et qu'il ne sera jamais digne d'être libre!

~~~~~~

CHAPITRE XXII.

Que le Trône trouve dans la Charte sa sûreté et sa splendeur.

Quant au Roi, seroit-il plus le maître en vertu des anciens réglemens que par la Charte qu'il nous a donnée ? D'un bout de la France à l'autre, une loi passée dans les deux Chambres, met à sa disposition notre de nos enfans, notre fortune. Qu'il parle au nom de la loi; et nous allons tous nous immoler pour lui. A-t-il à essuyer ces remontrances sans fin, souvent justes, mais quelquefois inconsidérées, quand il a besoin du plus foible impôt? Rencontre-t-il dans toutes les provinces, dans toutes les villes, dans tous les villages, des priviléges, des coutumes, des corps qui lui disputent les droits les plus légitimes, ôtent au gouvernement l'unité d'action

et la rapidité de la marche ? Derrière les deux
Chambres, rien ne peut l'atteindre ; uni aux
deux Chambres, sa force est inébranlable. Les
orages sont pour ses ministres ; la paix, le respect et l'amour sont pour lui. S'il est entraîné
vers la gloire militaire, qu'il demande, il aura
des soldats. S'il chérit les arts et les talens, un
gouvernement représentatif est surtout propre
à les faire éclore. S'il se plaît aux idées politiques, s'il cherche à perfectionner les institutions de la patrie, oh ! comme tout va seconder
ce penchant vraiment royal ! Et pourquoi les
Bourbons seroient-ils ennemis de tout changement dans le système politique ? Celui qui
vient de finir avoit-il toujours existé ? La monarchie a changé de forme de siècle en siècle.

La race auguste et immortelle des Rois
Capétiens a vu, immobile sur ce trône, passer à ses pieds nos générations, nos révolutions et nos mœurs ; elle a survécu aux
coups que nos bras parricides lui ont quelquefois portés, et elle n'en recueille pas moins ses
enfans ingrats dans son sein chargé de blessures. Nous devons tout à cette famille sacrée:
elle nous a fait ce que nous sommes ; elle exis-
toit pour ainsi dire avant nous ; elle est presque
plus française que la nation elle-même. Sous les

deux premières races tout étoit Romain et Tudesque, gouvernement, mœurs, coutumes et langage. La troisième race a affranchi les serfs, institué la représentation nationale par les trois Ordres, les parlemens ou cour de justice, composé le Code de nos lois, établi nos armées régulières, fondé nos colonies, bâti nos forteresses, creusé nos canaux, agrandi et embelli nos cités, élevé nos monumens, et créé jusqu'à la langue qu'ont parlée Duguesclin et Turenne, Ville Hardouin et Bossuet, Alain Chartier et Racine. Louis XVIII nous rendra florissans et heureux avec deux Chambres, de même que ses pères nous ont rendus puissans avec les Etats Généraux. Il trouvera lui-même sa grandeur dans nos nouvelles destinées. La monarchie renaît de ses antiques racines, comme un lis qui a perdu sa tige pendant la saison des tempêtes, mais qui sort au printemps du sein de la terre : *ex omnibus floribus orbis elegisti tibi lilium unum* (1).

_____

(1) Esd.

~~~~~~

CHAPITRE DERNIER.

Conclusion.

———

Toute l'Europe paroît disposée à adopter le
système des monarchies modérées : la France
qui a donné cette impulsion générale, est maintenant forcée de la suivre. Rallions-nous donc
autour de notre gouvernement. Que l'amour
pour le Roi et pour le pays natal, que l'atta-
chement à la Charte compose desormais notre
esprit public.

Grâce au Roi, au Roi seul, nous conservons
toute entière la France de Louis XIV, agran-
die de la Lorraine et d'une partie de la Savoie.
Vauban en a posé les limites mieux qu'elles ne
seroient marquées par les fleuves et les mon-
tagnes. L'étendue naturelle d'un empire n'est
point fixée par des bornes géographiques, quoi
qu'on en puisse dire, mais par la conformité des
mœurs et des langages : la France finit là où on

ne parle plus français. Ces citoyens de Ham-
bourg et de Rome qui corrompoient notre langue dans le Sénat, qui n'avoient et ne devoient
avoir pour nous qu'une juste haine, auroient
amené notre ruine comme peuple, de même
que les Gaulois et les autres nations subjuguées
détruisirent la patrie de Cicéron, en entrant dans
le sénat romain. Nous sommes encore ce que
nous étions. Un million de soldats sont encore
prêts, s'il le faut, à défendre des millions de
laboureurs. Notre terre, comme une mère pré-
voyante, multiplie ses trésors et ses secours,
bien au-delà du besoin de ses enfans. Quatre
cent mille étrangers et nos propres soldats ont
ravagé nos provinces; et, deux mois après,
on a été obligé de faire une loi pour la libre
exportation des grains. Que manque-t-il à cet
antique royaume de Clovis, dont saint Gré-
goire-le-Grand louoit déjà la force et la puissance? Nous avons du fer, des forêts et des
moissons; notre soleil mûrit les vins de tous les
climats; les bords de la Méditerranée nous four-
nissent l'huile et la soie, et les côtes de l'Océan
nourrissent nos troupeaux. Marseille, qui n'est
plus, comme du temps de Cicéron, *battue
des flots de la Barbarie*, appelle le commerce
du monde ancien, tandis que nos ports,

sur l'autre mer, reçoivent les richesses du nouveau monde. A chaque pas se retrouvent dans la France les monumens de trois grands peuples, des Gaulois, des Romains et des Français. Cette France fut surnommée la mère des Rois : elle envoya ses enfans régner sur presque tous les trônes de l'Europe, et jusqu'au fond de l'Asie. Sa gloire, qui ne passera point, croîtra encore dans l'avenir. Transformés par de nouvelles lois, les Français recommencent des destinées nouvelles. Nous aurons même un avantage sur les peuples qui nous ont précédés dans la carrière où nous entrons; car ils y ont déjà vieilli; et nous, nous y descendons avec la vigueur de la jeunesse.

Accoutumés aux grands mouvemens depuis tant d'années, remplaçons la chaleur des discordes et l'ardeur des conquêtes par le goût des arts et les glorieux travaux du génie. Ne portons plus nos regards au dehors; écrions-nous, comme Virgile, à l'aspect de notre belle patrie :

Salve, magna parens frugum, ...
Magna virûm !

Et pourquoi ne pas le dire avec franchise! Certes, nous avons beaucoup perdu par la

révolution , mais aussi n'avons-nous rien
gagné ? N'est-ce rien que vingt années de
victoires ? N'est-ce rien que tant d'actions hé-
roïques, tant de dévouemens généreux ! Il y
a encore parmi nous des yeux qui pleurent au
récit d'une noble action, des cœurs qui pal-
pitent au nom de la patrie.

Si la foule s'est corrompue , comme il arrive
toujours dans les discordes civiles, il est vrai de
dire aussi que , dans la haute société , les
mœurs sont plus pures, les vertus domestiques
plus communes ; que le caractère français a
gagné en force et en gravité. Il est certain
que nous sommes moins frivoles, plus naturels, plus simples ; que chacun est plus soi,
moins ressemblant à son voisin. Nos jeunes gens,
nourris dans les camps ou dans la solitude,
ont quelque chose de mâle ou d'original qu'ils
n'avoient point autrefois. La religion , dans
ceux qui la pratiquent, n'est plus une affaire
d'habitude , mais le résultat d'une conviction
forte ; la morale, quand elle a survécu dans
les cœurs, n'est plus le fruit d'une instruction
domestique , mais l'enseignement d'une raison éclairée. Les plus grands intérêts ont
occupé les esprits ; le monde entier a passé
devant nous. Autre chose est de défendre

sa vie, de voir tomber et s'élever les trônes,
ou d'avoir pour unique entretien une intrigue de cour, une promenade au bois de
Boulogne, une nouvelle littéraire. Nous ne
voulons peut-être pas nous l'avouer, mais au
fond ne sentons-nous pas que les Français
sont plus hommes qu'ils ne l'étoient il y a
trente ou quarante ans ? A quel bon marché
on acquéroit alors une réputation ! Dans les
lettres, dans la politique, dans le militaire,
quels singuliers titres de renommée, et combien ceux qui les possédoient nous paroîtroient
aujourd'hui médiocres, pour ne rien dire de
plus ! Sous d'autres rapports, pourquoi se dissimuler que les sciences exactes, que l'agricul-
ture et les manufactures ont fait d'immenses
progrès ? Ne méconnoissons pas les changemens
qui peuvent être à notre avantage ; nous les
avons payés assez cher.

Cessons donc de nous calomnier, de dire
que nous n'entendons rien à la liberté : nous
entendons tout, nous sommes propres à tout,
nous comprenons tout. En lui témoignant de
la considération et de la confiance, cette
nation s'élevera à tous les genres de mérite.
N'a-t-elle pa montré ce qu'elle peut être dans
les momens d'épreuve ? Soyons fiers d'être

Français, d'être Français libres sous un Monarque sorti de notre sang. Donnons maintenant l'exemple de l'ordre et de la justice,
comme nous avons donné celui de la gloire.
Estimons les autres nations, sans cesser de nous
estimer. Les révolutions et les malheurs ont
des résultats heureux, lorsqu'on sait profiter
des leçons de l'infortune : les fureurs de la
Ligue ont sauvé la religion ; nos dernières fureurs nous laisseront un état politique, digne
des sacrifices que nous avons faits. Si on
nous eût dit sous la tyrannie : « Que vous
» reste-t-il de votre révolution ? » nous eussions été forcés de répondre : Des crimes et
des chaînes ! Maintenant nous répondrons sous
notre Roi : Des vertus et la liberté !

Que tous les bons esprits se réunissent
pour prêcher une doctrine salutaire, pour
créer un centre d'opinions d'où partiront tous
les mouvemens. Les Chambres doivent s'attacher étroitement au Roi, afin que le Roi soit
plus libre d'exécuter les projets, méditer
pour le bonheur de son peuple. Loyauté dans
les ministres, bonne foi de tous les côtés : voilà
notre salut. Respect et vénération pour notre
souverain ; liberté de nos institutions, honneur
de notre armée, amour de notre patrie : voilà

les sentimens que nous devons professer. Hors de là, nous nous perdrons dans des chimères, dans de vains regrets, dans des humeurs chagrines, des récriminations pénibles; et, après bien des contestations, le siècle nous ramènera de force à ces principes dont nous aurons voulu nous écarter. Nous le voyons par expérience : il y a vingt-six ans que la révolution est commencée. Une seule idée a survécu : l'idée qui a été la cause et le principe de cette révolution, l'idée d'un ordre politique qui protège les droits du peuple, sans blesser ceux des souverains. Croit-on qu'il soit possible d'anéantir aujourd'hui ce que les fureurs révolutionnaires et les violences du despotisme n'ont pu détruire? La Convention nous a guéris pour jamais du penchant à la république; Buonaparte nous a corrigés de l'amour pour le pouvoir absolu. Ces deux expériences nous apprennent qu'une monarchie limitée, telle que nous la devons au Roi, est le gouvernement qui convient le mieux à notre dignité comme à notre bonheur.

FIN.